Felix Karlinger

Märchentage auf Korsika

Geschichten und Wandereindrücke

Eugen Diederichs Verlag

Mit 7 Illustrationen und einem
Umschlagbild von Claudius Karlinger

CIP-Kurztitelaufnahme der Deutschen Bibliothek
Karlinger, Felix:
Märchentage auf Korsika:
Geschichten u. Wandereindrücke
Felix Karlinger.
1. Aufl. – Köln: Diederichs, 1984.
(Diederichs Kabinett)
ISBN 3-424-00809-5

Erste Auflage

Umschlaggestaltung: Antje Ketteler
Satz: Lichtsatz Heinrich Fanslau, Düsseldorf
Druck und Bindung: May & Co., Darmstadt
ISBN 3-424-00809-5

Nähert man sich Korsika mit dem Schiff ...

... so sendet einem die Insel schon von meilenweit her ihren Duft entgegen. Es ist ein herber Geruch mit der leicht bitteren Nuance der Pinien und einer unbeschreiblichen Beimischung, die von der Macchia ausgeht. Kommt man dann noch aus dem ausgetrockneten Norden Sardiniens, wirkt diese Frische besonders anregend.

Aufregend ist es stets, wenn eine Insel aus dem Wasser aufsteigt, und so sollte man auch bei der Fahrt nach Korsika zumindest beim erstenmal die Annäherung übers Meer wählen. Freilich ist das heute gar nicht mehr so einfach. Noch vor dreißig Jahren bedeutete die Reise mit einem der kleinen Küstendampferchen noch den normalen Sprung aus dem Norden Sardiniens – von S. Teresa oder La Maddalena aus – in einen der südlichen Häfen von Korsika.

Nur 14 km trennen die beiden Inseln an der Straße von Bonifacio – damals für den kleinen Dampfer eine Stunde Reisezeit, wenn man ihn rechtzeitig erwischt hat, denn er ging nicht jeden Tag. Die Auskünfte, die ich damals im Innern Sardiniens über die Verbindung mit Korsika erhalten hatte, waren so günstig gewesen, daß man hätte den Eindruck gewinnen können, man benütze lediglich eine Straßenbahn. In Palau angekommen sollte sich freilich ergeben, daß am nächsten Tag und ebenso am übernächsten überhaupt nirgendwohin ein Dampfer verkehrte, weder nach La Maddalena, noch nach S. Teresa oder gar zum nächstgelegenen Hafen Korsikas, S. Bonifacio.

Kurz nach 1950 war jedoch Sardinien »un gran paese« – ein großes Dorf – und mit Freunden in diesem Dorf konnte man alles erreichen. Über die ganze Insel hinüber war ich

von Freund zu Freund oder dessen Verwandten weitergereicht worden, überall mit einer schier beängstigenden Gastfreundschaft aufgenommen. So gab es auch im winzigen Hafenstädtchen Palau keine Probleme. Man würde den Deutschen einfach einem Fischerboot mitgeben, und das könne ihn ja auf der Nachbarinsel abliefern; das freilich mehr im Vorbeifahren auf dem Rückweg aus den Fanggründen.
So konnte ich noch am Tag meiner Ankunft in Palau abends Sardinien verlassen. Es dämmerte bereits und ein frischer Wind verblies die Müdigkeit und die Wirkung des reichlich angebotenen und genossenen Weins. Der Gast wurde samt Gepäck an einen geschützten Fleck auf einer Kiste verstaut, und der älteste der mitfahrenden Fischer, Zio Antine, kümmerte sich persönlich um dessen Wohl. Wir waren schon auf der Rückfahrt, und die Sterne begannen zu verblassen, als Zio Gostantine, wie der vollständige Name lautete, übers Wasser auf etwas kaum Erkennbares deutete und mich fragte: »Siehst du die Insel da?« – Ich gab vorsichtshalber einen Laut von mir, den er als Zustimmung deuten konnte, obwohl ich so gut wie nichts zu erkennen vermochte.
»Ja«, sagte er, »das ist die Insel der Verlorenen, kaum eine Klippe. Wir nennen sie einfach *Die Verlorene*.« – »Erzähl doch!« bat ich ihn und versuchte unterm Segeltuch mein Magnetophongerät zu aktivieren.

Dort, wo du heute kaum mehr etwas siehst, das wie eine Insel ausschaut, war einmal ein schönes Stück Land. Vielleicht so groß wie die Insel Tavolara.[1] Kennst du die?« Ich nickte.

»Also wenn du Tavolara kennst, kannst du dir vorstellen, wie die Insel hier war. Ein hoher, hoher Berg, vielleicht 500, vielleicht 5 000 Fuß hoch, sehr steil und kaum ersteigbar. Und hoch oben am Gipfel hat es einmal eine Höhle gegeben. Und in diese Höhle haben damals immer Piraten ihre Schätze gebracht und dort versteckt. Du weißt ja, damals hat es viele maurische Seeräuber gegeben; die haben nicht nur Schiffe ausgeraubt, nein auch hier in Sardinien haben sie Ortschaften überfallen und die Menschen in die Gefangenschaft und Sklaverei verschleppt.[2]
Also gut: jene Piratenbande hatte einen Kapitän, der – so sagt man – Scheitano hieß, ein wahrer Teufel. Und nachdem er dreißig Jahre hindurch gestohlen, geraubt und geplündert hatte, hat seine Mannschaft gefordert, er solle nun einmal die Beute teilen, denn sie wollten ihren Anteil haben. – ›Gut‹, hat der Kapitän Scheitano gesagt, ›teilen wir! Kommt mit auf die Insel, und dort soll jeder seinen Anteil erhalten.‹ – Bei sich aber hat er gedacht: Mit dieser Bande soll ich teilen? Ich werde ihnen etwas husten. –
Sie sind also zu der Insel gefahren und alle auf den Berg hinaufgeklettert. Und oben hat der Kapitano gesagt: ›Nun wartet noch zwei Minuten, dann sollt ihr die Beute selbst teilen. Ich will mich da gar nicht einmischen, denn es gibt doch nur Streit.‹ –
Und damit hat er einen schwarzen Teufelsstein aus der Tasche genommen, weit um den ganzen Gipfel herum einen Strich gezogen, und dabei Verwünschungen und Flüche gemurmelt: ›Bleib im Mutterleib, Verfluchter, nie soll dich die Erde gebären!‹ Und so hat er es eine Weile getrieben. Dann hat er eine Stelle übersprungen, hinter sich ein Zeichen auf den Felsen gemalt, und ist den Berg heruntergestiegen.
Die Piraten haben indessen die Beute geteilt, Sicher, sie ha-

ben auch gestritten, aber sie haben den Steuermann gefürchtet, einen bärenstarken Kerl, und so wurde der Krach nicht so schlimm. Sie haben sogar die besten Stücke für den Kapitän auf die Seite gelegt, aber als sie fertig waren, da haben sie den Scheitano nicht finden können.
Sie haben nicht lange nachgedacht, jeder hat seine Beute in einen Sack gesteckt, und dann haben sie den Berg hinunter wollen. Aber es ist wie verhext gewesen: die Linie, die der Kapitano auf den Boden gezeichnet hatte, war wie eine Mauer, sie haben sie einfach nicht überschreiten können. Da haben sie gemerkt, daß es sich um Zauberei handelt und daß sie nichts machen können.
Viele Tage haben sie mit ihren Schätzen da gesessen, dann hat sie der Hunger gequält, und sie haben den Jüngsten von ihnen getötet und aufgegessen, und so weiter, bis alle krepiert waren.
Der Kapitano aber, was hat er gemacht? Er hat sich in einen Drachen verwandelt, ist auf die Spitze des Berges hinaufgeflogen und hat die Leichen gefressen. Dann ist er davongeflogen in seine Heimat nach Afrika.
Nun, die Zeit ist vergangen. Als keine Piraten mehr unser Meer unsicher gemacht haben, sind auch Leute aus Korsika und aus Sardinien auf die Insel gekommen, und weil sie gewußt haben, daß es da Schätze geben muß, sind sie auf den Berg hinaufgestiegen, um zu suchen. Aber wenn sie erst einmal oben waren, konnten sie nicht mehr herunter und sind auf dem Gipfel verhungert. Und der Drache Scheitano kam zweimal im Jahr angeflogen und hat die Leichen gefressen. Und er hat auch selber immer neue Schätze angeschleppt, soviel, daß man schließlich dreißig Schiffe benötigt hätte, um alles abzutransportieren.
Und weil das Geld lockt, und weil die Menschen denken, daß sie klüger sind als andere, sind immer wieder Männer

und Burschen auf den Berg hinaufgestiegen und dort verhungert.

Da war nun auch einmal ein braver junger Bursche. Dem ist sein Vater bei einem Sturm ertrunken. Er hat sechs Geschwister gehabt, und die Mutter, die Witwe, hat nicht gewußt, wie sie nun die Kinder ernähren soll.

Eines Tages sagt der Bursche zu seiner Mutter: ›Mama, ich werde auf jenen Berg steigen!‹ – ›Nein, das wirst du bleiben lassen! Es genügt mir, daß dein Vater umgekommen ist. Soll ich auch noch dich verlieren?‹ – ›Aber, Mama, wir werden alle auch so verhungern.‹ – ›Nun, so geh erst zu meinem Schwager! Der ist ein studierter Mann, vielleicht weiß er einen Rat.‹

Nun, der Bursche geht zu seinem Onkel und sagt: ›Du, so und so ...‹

Der Onkel hat sich lange bedacht, und dann hat er gesagt: ›Paß auf! Vielleicht geht es so. Auf dem Berg, sagst du, ist ein Zauber, daß man nicht heruntersteigen kann. Gut; aber fliegen? Man wird doch fliegen können! Ich werde dir ein Paar Flügel machen. Dann wirst du hinaufsteigen, die Schätze über den Berg hinunterwerfen – wenn das geht – dann die Flügel anziehen und davonfliegen.‹

Und er hat ihm aus Knochen, Federn und Wachs ein paar große, große Flügel gemacht und ihm gezeigt, wie man sie anziehen muß, und wie man damit fliegen kann.

Und eines Tages ist der Bursche mit dem Segen seiner Mutter aufgebrochen, hat sich von einigen Freunden zu der Insel rudern lassen, und ist den Berg hinaufgestiegen. In der Höhle hat er so viele Schätze gefunden, daß er den halben Tag gebraucht hat, sie alle den Berg herunter zu werfen. Er hat es auch probiert, aber jene Linie hat er nicht überschreiten können.

Endlich – es ging schon gegen Abend – zog er die Flügel an

und begann zu fliegen. Das ist auch ganz gut gegangen. Freilich wäre er beim Herunterkommen beinahe ins Meer gestürzt, aber er hat gerade noch die Küste erreicht und ist nur bis zum Hosenboden naß geworden.
Jetzt hat der Bursche mit seiner Mutter und seinen Geschwistern für den Rest des Lebens genug zu essen gehabt, und alle Sorgen waren vorbei.
Und was ist mit dem Kapitano Scheitano? Was macht er? – Nicht lange darauf kam wieder der Zeitpunkt, wo er auf die Insel flog, um seine Schätze zu betrachten und um die Leichen der Verhungerten zu fressen. Aber wie er diesmal ankam, hat er gemerkt: ›Hol's der Teufel! Da muß jemand da gewesen sein, der zaubern kann! Kein Schatz und keine Leichen!‹
Und da hat ihn ein fürchterlicher Zorn erfaßt, weil er alles verloren hat. Und er wollte die Insel versenken. Er ist so hoch geflogen, daß er beinahe den Mond erreicht hätte. Und dann hat er sich heruntergestürzt. Mit einem fürchterlichen Krach ist er auf die Bergspitze gestoßen und hat fast die ganze Insel ins Meer gedrückt und ist dabei selbst in tausend Stücke zerbrochen.
Freilich: ganz hat er's nicht geschafft. Ein Restchen von der Insel schaut noch heute heraus.
So sagt man sei es gewesen. Wer weiß schon, was es alles gibt? Du wirst es wohl nicht glauben. Ich glaub's auch kaum. Aber ganz sicher bin ich mir nicht.«

*

Die *Verlorene* war uns längst aus den Augen entschwunden. Grüne Streifen im Osten kündeten die Dämmerung an, und die Berge Korsikas wurden deutlicher erkennbar. Zwar ist der Süden Korsikas nicht so »alpin« wie das gebirgige Zentrum, das eine Höhe von mehr als 2700 m erreicht, aber auch ein Berg von nur 1300 m – wie der P. d'Ovace – wirkt imposant, wenn man ihn vom Meeresniveau aus erblickt.

Als mich meine Freunde in Bonifacio an Land setzten war es früher Morgen. An der Zollstation schlief alles noch, und ich mußte mich einige Stunden gedulden, ehe man von meiner Person Kenntnis zu nehmen geneigt war. Ich hatte die Zeit benützt, einen jungen Burschen mit einem Zettel zu einer Adresse zu schicken, die man mir auf Sardinien gegeben hatte. Freundschaftliche und verwandtschaftliche Kontakte verbinden ja die Gallura (den Nordosten Sardiniens) mit Südkorsika. Nicht zuletzt wegen der Geißel der Blutrache, die auf beiden Inseln jahrhundertelang geherrscht hat, sind ja immer wieder Sarden nach Korsika und Korsen nach Sardinien geflüchtet. Auch die Tatsache, daß die »echten« Sarden keine Fischer sind, mag dazu geführt haben, daß an den sardischen Küsten neben Neapolitanern und Genuesen auch manche Korsen sich niedergelassen oder eingeheiratet haben.

Die Kette der Beziehungen leitete mich also weiter, auch wenn man mir in Korsika mancherorts mit mehr Mißtrauen begegnet ist. Das sollte ich später merken, als man mir nicht wie auf Sardinien eine Eselin zum Transport meines Tonbandgerätes – es wog in der damaligen Ausfertigung noch 9 kg – und der andern Utensilien wie Batterien und Reisegepäck geliehen hat, sondern einen Burschen mitgegeben hat, den zu verpflegen und entlohnen ich mich verpflichten mußte.

Noch aber war es nicht so weit, denn ich wollte mich erst in Bonifacio selbst umsehen und umhören. Die Stadt war ehedem eine bedeutende Festung, in deren Zitadelle kein geringerer als Napoleon im Jahre 1792 acht Monate Dienst als Artillerie-Offizier getan hat. Bonifacio liegt nicht nur selbst sehr malerisch, sondern bietet auch ein prächtiges Panorama vom Cap di Feno bis nach Sardinien hinüber. Seinen Namen verdankt es dem toskanischen Markgrafen Bonifazio, der den Ort im 9. Jahrhundert gegründet hat. Von hier aus sollte ich am übernächsten Tag nach Norden ins »Gebirge« fahren, wo ich Volksmusik und Volkserzählungen aufzunehmen beabsichtigte.

Die Fahrt führte am frühen Morgen auf einem offenen Lieferwagen zunächst über die Küstenberge zum Golfo di Ventilegni und durch die Siedlung Pianottoli zum Dorf Monáccia, am Hang der Vorberge gelegen, die weiter landeinwärts zum l'Uomo di Cagna (1215 m) ansteigen. In Zeiten und Ländern, denen »Eile« noch ein Fremdwort ist, bedeutet eine Fahrt auf offenem Wagen ein Vergnügen. In Ortschaften – aber auch bei Begegnungen mit Bauern an der Straße – wird angehalten, ein Gespräch entwikkelt sich, Trauben werden angeboten, man versucht, sich mit Zigaretten zu revanchieren. So erlebt man intensiver, wie es um Land und Leute steht.

In Monáccia war ich bereits angekündigt, wurde herumgeführt und präsentiert, so daß die Zahl der angebotenen Aperitife etwa der Kilometerzahl entsprochen haben mag, die von Bonifacio bis hierher zurückgelegt waren. Mein Interesse für Volksmusik führte zunächst zu Mißverständnissen und mehr schlagerartigen Darbietungen, aber nachdem ich selbst vom Tonband etliche sardische Beispiele geboten hatte, entzündete sich wie üblich sehr schnell die Begeisterung für Musik und Lied.

Es wurde jedoch Abend, bis man eine Erzählerin anschleppte, die selbst gar nicht aus Monáccia stammte sondern aus Sartena, und die nur Maria, »die Gesprächige« gerufen wurde. Der richtige Familienname war nicht zu erfragen, und auf jede Frage antwortete man nur mit schal-

lendem Gelächter. Lassen wir's also bei »Loquace«. Maria ließ sich nicht lange bitten, sondern fing gleich an zu erzählen:

Es ist schon recht lange her, und die Geschichte, die ich da erzählen will, ist auf dem Festland passiert, drüben in der Toskana. Da war einmal ein Graf, der war schon in einem Alter, in welchem die Männer graue Haare bekommen und eigensinnig werden; da hatte er noch einmal eine Frau genommen, denn die erste war ihm gestorben ohne Kinder zu hinterlassen. Er hatte sich umgehört und ein Mädchen aus einer adeligen Familie genommen, wo bekannt war, daß sie alle viele Kinder hatten. Acht, zehn, ja sogar zwölf Kinder waren da keine Seltenheit.
Er nimmt sich also da ein hübsches Mädchen, heiratet es, und es dauert nicht lange, da ist es schwanger. Der Graf denkt sich: ›Nicht schlecht! Der Himmel meint es gut mit mir!‹
Es war da aber auch ein Bruder des Grafen, das war ein ganz übler Bursche, und seine Frau war noch schlimmer, ein habgieriges Wesen wie landauf – landab kein zweites. Als die Schwägerin, die erste Frau des Grafen, gestorben war, hatte der Bruder des Grafen gedacht: Ausgezeichnet! Jetzt rücke ich als Erbe nach. Und seine Frau hatte in Gedanken bereits den ganzen Besitz durchgerechnet und Pläne gemacht.
Da heiratet nun also der Graf ein zweitesmal, das war sonst nicht üblich in jener Verwandtschaft, und Bruder und Schwägerin sehen ihre Hoffnungen davonschwimmen. Wie verärgert sie waren, könnt ihr euch denken.
Noch schlimmer wurde es aber, als sie gehört haben, daß ihre Schwägerin schwanger ist. Die Frau hat aus Wut einen

Teller zerbrochen, so hat sie innerlich gekocht. Und sie hat sich in Gedanken sogar ausgemalt, daß sie ihrer Schwägerin die Gurgel durchschneidet. Aber dazu hat ihr der Mut gefehlt. Und so ist sie auf einen bösen Gedanken verfallen. Sie sagt zu ihrem Mann: ›Weißt du was?‹ – ›Was?‹ fragt er. – ›Wir müssen deinen Bruder eifersüchtig machen. Ein mißtrauischer Kerl ist er. Versuche es doch einmal!‹

Eines Tages, als der Graf und sein Bruder beisammen sind, sagt also der schlimme Bruder: ›Du, hast du schon gehört: das Kind, das deine Frau erwartet, soll von einem Liebhaber sein.‹ – ›Ach was‹, sagt der Graf, ›die Leute reden viel. Ich gebe nichts drauf.‹ – ›Nun‹, sagt der Bruder, ›das kannst du ja halten, wie du willst. Ich wollte es dir nur sagen, damit du mir nicht nachher vorwirfst, ich hätte dir etwas verschwiegen.‹

Nun, das Mißtrauen des Grafen war erwacht. Er überlegt: ja einmal war er fast zwei Wochen auf einer Reise fern von daheim. Und einmal war seine Frau in ihrem Elternhaus, und ein junger Cousin hat sie in seiner Kutsche wieder hergebracht. Verdammt seien alle jungen Cousins! Man kann ihnen nicht verbieten ins Haus zu kommen – wegen der Verwandtschaft –, aber man weiß nicht, wann eine Umarmung der Verwandten oder der Geliebten gilt.

Der Graf hat also versucht, seine Frau zu beobachten, ins Gespräch zu ziehen, aber er ist damit nicht weitergekommen. Er hat jedoch nicht nachgelassen; er hat auch von jenem jungen Cousin seiner Frau gesprochen, und was er für ein hübscher Bursche, ein sehr gewandter junger Mann, sei. – ›Ach der!‹ hat die Gräfin ahnungslos gesagt, ›ich mag ihn nicht besonders! Er ist ein Weiberheld und ein Großmaul. Aber freilich, er ist auch recht hilfsbereit.‹

Das aber hat den Grafen eher noch mißtrauischer und ei-

fersüchtiger gemacht. Doch war es ihm unmöglich, irgend etwas über einen Seitensprung seiner Frau herauszubringen.
So sind die Monate vergangen. Eines Tages holte man die Hebamme, und die Gräfin brachte ein Zwillingspaar zur Welt: einen dunklen Buben, der ist – so sagen die Leute – auf den Vater herausgekommen, und ein blondes Mädchen. Aber der einzige Blonde in der gesamten Verwandtschaft ist jener junge Cousin gewesen! Die Leute haben gelacht, und der Graf hat getobt. Nun war er von einem Ehebruch überzeugt, und darin haben ihn Bruder und Schwägerin noch bestärkt.
Und so hat er befohlen, man solle ein großes Faß machen, darin solle man mit ein wenig Essen und Trinkwasser die Mutter mit den Zwillingen einschließen, dann das Faß aufs Meer hinaus rudern und dort den Wellen überlassen. Alle Welt weiß ja: sind die im Faß unschuldig, so wird sich Gott ihrer annehmen; sind sie aber schuldig, so werden sie krepieren.
Gesagt – getan. Die arme Gräfin wird mit ihren beiden Kindern ins Meer geworfen. Aber Gott und seine Engel kümmern sich um die Hilflosen, und schon am nächsten Tag wird das Faß samt Inhalt durch eine Welle an den Strand einer Insel gerollt. So: da wären sie! Aber was jetzt? Mit ein wenig Essen und Trinken eingesperrt sein, das ist kein Spaß. Aber der Mensch borgt und Gott sorgt! Der kleine Sohn der Gräfin ist in wenigen Tagen gewachsen als wären es Jahre gewesen. Und er zeigt mehr Kraft, als sie ein erwachsener Mann besitzt! Er stemmt sich gegen den Deckel des Fasses und stößt ihn auf.
Die drei kriechen heraus und schauen sich um. Nicht weit entfernt sehen sie ein Kapellchen; darauf gehen sie zu, und dort finden sie einen Einsiedler, einen frommen Mann, der

Vater Giovanni heißt. Bei ihm bleiben sie. Und dort wachsen die beiden Kinder heran, von der Mutter erzogen und vom Einsiedler belehrt.
Als der Bursche siebzehn Jahre alt ist, will er hinausziehen in die Welt. Die Gräfin möchte ihn lieber da behalten – so sind nun einmal die Mütter –, aber der Einsiedler sagt: ›Nein, er muß die Welt sehen, denn er ist noch zu jung, um hier als Einsiedler wie ich zu leben. Ich habe da noch aus meiner Jugend eine Rüstung und ein Pferd, das kann er haben. Er braucht nur ans andere Ende der Insel zu reiten, dort gibt es einen Hafen, und er kann sich zum Festland einschiffen.‹ – ›Gut, Onkel‹, sagt der Bursche, ›was immer du rätst, ist sehr gut. Aber wenn du aus deiner Jugend ein Pferd hast, ist das nicht längst alt und lahm geworden?‹ – ›Ach, was denkst du?‹ sagt der Einsiedler, ›das ist kein gewöhnlicher Gaul, das ist vielmehr ein ganz außerordentliches Pferd, das schon mein Großvater als junger Kerl geschenkt bekam.‹ – ›Was?‹ sagt der Bursche, ›dein Großvater ist bereits darauf geritten? Dann muß es allerdings ein wahres Wunderpferd sein! Woher hat er es denn?‹ – ›Der heilige Nikolaus hat es ihm geschenkt. Aber das ist eine andere Geschichte.‹
Nun, Rede hin – Rede her, der Bursche sattelt also das Pferd, legt die Rüstung des Alten an und reitet davon. Er kommt zum Hafen am andern Ende der Insel, er schifft sich ein und fährt zum Festland. Drei Jahre reitet er durch verschiedene Länder und kommt auch in die Stadt, wo sein Vater, der alte Graf residiert. Aber er gibt sich dort nicht zu erkennen, sondern reitet wieder weiter.
Endlich, am Ende der drei Jahre kommt er in die Kaiserstadt. Und am nächsten Morgen hört er: man will ein großes Turnier abhalten, und dem Sieger winkt als Preis eine Tochter des Kaisers.

›Das wäre eine schöne Sache!‹ denkt sich der Bursche, und er meldet sich als Teilnehmer des Wettkampfes.
Der Wettstreit aber besteht aus drei Übungen: in der ersten müssen alle Bewerber ihre Kraft zeigen und eine eiserne Stange zunächst krumm und dann wieder gerade biegen; in der zweiten Übung gilt es in einem Wettrennen zu siegen, bei dem jeder auf seinem Pferd reiten muß; die dritte Übung besteht im Fechten.
Nun, beim ersten Wettkampf zeigt sich, daß die verschiedenen Teilnehmer – Prinzen und Barone – die eiserne Stange gar nicht oder höchstens ein klein wenig krumm biegen können, und nur einem gelingt es, die Stange auch wieder gerade zu biegen. Endlich kommt als letzter auch unser Bursche dran. Er biegt mit den bloßen Händen die Stange wie eine Bretzel, und dann wieder biegt er die Stange so gerade, daß man nicht mehr erkennen kann, daß sie überhaupt verbogen war. Dem Volk, das dort zugeschaut hat, hat das mächtig gefallen, und auch der Kaiser hat gelacht und gesagt: ›Hoffentlich kann er mit Mädchen etwas zarter umgehen!‹
Aber als dann zum zweiten Wettkampf die Prinzen und Ritter mit ihren Pferden gekommen sind, hat alles gelacht, als sie den alten Klepper unseres Burschen gesehen haben. Und sie haben gedacht: Bis der von seiner Runde zurückkommt, sind wir längst nach Hause gegangen!
Nun, sie haben nicht schlecht geschaut, wie der Trompeter geblasen hat und die Reiter sich in Bewegung gesetzt haben! Der Bursche war gleich der Erste, und sein Pferd ist im Galopp davon gestoben, und als Erster ist er auch nach dem Ritt um die ganze Stadt wieder erschienen, und erst viel später hat der nächste Reiter sein Ziel erreicht.
Anschließend hat das Fechten begonnen, und auch da hat der Bursche alle seine Gegner überwunden. Nun hätte der

Kaiser ihm also seine Tochter geben sollen. Aber er hat Bedenken gehabt und hat gesagt: ›Bursche: du bist stark, du bist schnell und du bist tapfer und ein guter Fechter. Aber wir kennen deinen Namen nicht. Wie heißt du also?‹ ›Ich bin der Sohn des Grafen Orso‹, hat der Bursche gesagt. Da hat der Kaiser sich zum Grafen Orso umgedreht und gesagt: ›Wie, du hast einen Sohn? Ich habe immer gedacht, du seist ohne Kinder!‹ – ›Ja‹, sagt der Graf Orso, ›das ist ein schwieriger Fall. Doch bitte ich darum, erst den Burschen fragen zu dürfen, um prüfen zu können, ob er wirklich mein Sohn ist.‹ – ›Tu das!‹ sagt der Kaiser.
Der Graf hat nun den Burschen auf die Seite genommen und gesagt: ›Erzähle deine Geschichte! Woher kommst du? Wer ist deine Mutter? Wo bist du aufgewachsen? Wie kommst du zu Waffen und Pferd? – ›Ach Vater‹, sagt der Bursche, ›das ist eine lange Geschichte! Du selber hast meine Mutter mit meiner Schwester und mir in ein Faß einschließen und auf dem Meer aussetzen lassen. Da sind wir mit Gottes Hilfe zu einer Insel gekommen und bei einem Einsiedler geblieben. Und der hat mir auch Waffen und Pferd gegeben. Und nun bin ich hier.‹ – ›Ach Himmel!‹ ruft der Graf aus, ›dann habe ich meine arme Frau zu Unrecht verdächtigt?‹ – ›Ja, das hast du!‹ sagt der Bursche. – ›Nun, ich will alles wieder gutmachen.‹
Als der Kaiser hörte, daß der Sieger des Wettstreits ein Sohn des Grafen Orso war, gab er ihm gern seine Tochter zur Frau, und nachdem er noch erfuhr, daß der Graf noch eine Tochter hat, hat er diese seinem Sohn vermählt.
Und so waren alle glücklich und zufrieden, und man sieht aus der Geschichte, daß Gott wieder zurechtbiegen kann, was Eifersucht und Mißtrauen, Habsucht und Geiz verbogen haben.«

*

Damit endete Maria, die Geschwätzige.
Zusammen mit einigen Bekannten verabschiedete sie sich, und wir begleiteten sie hinaus vors Haus, von wo aus sie einen steilen Pfad hinunterstiegen. Noch eine Weile konnten wir die Gruppe plaudern und singen hören, dann wurde es still. Es war eine Vollmond-Nacht, und da das Dorf keine elektrische Straßenbeleuchtung besaß – oder sie nicht eingeschaltet hatte – ergab sich eine traumhafte Stimmung mit wachsender Stille und würzigem Duft der Holzfeuer in den Kaminen.
Ich konnte mich nicht enthalten, meine Begeisterung über die zauberhafte Atmosphäre auszusprechen, obwohl mir bekannt war, daß im Süden häufig das Organ für derlei Romantik fehlt. Aus der Gruppe der fünf bis sechs Personen, die vors Haus gefolgt waren, sagte ein Mann mittleren Alters, von den andern nur ›der Ingenieur‹ genannt, mit einer leicht heiseren Stimme: »Ja, schön, aber wie mag das erst gewesen sein, als noch zwei Monde am Himmel standen!« – »Was?« fragte ich neugierig, »hat es denn einmal zwei Monde gegeben?« – »Ja«, sagte er, »habt ihr die Geschichte denn noch nie gehört?« – »Nein«, antwortete ich, »die kenne ich nicht.«
Er räusperte sich, zündete sich eine Zigarette an und begann:

Also einst, als Gott die Welt erschaffen hat, da wollte der Teufel es ihm gleichtun. Er wollte zeigen, daß er auch nicht auf den Kopf gefallen sei. Und als Gott den Sonnenmann[3] geschaffen hatte, machte der Teufel die Mondfrau. Aber in der Nacht bemerkte er dann, daß die

Mondfrau viel weniger Licht hergab als der Sonnenmann, und das hat ihn geärgert. Und so machte er noch eine zweite Mondfrau; die eine war gelb und die andere war rot. Und die beiden Monde gaben zusammen fast so viel Licht wie die Sonne, nicht ganz so viel, nein, aber eben doch so viel, daß man die Sterne nicht mehr sah, außer man saß in einer tiefen Grube oder in einem Brunnenschacht. Da kann man noch heute, wenn man tief genug ist, auch am Tage die Sterne erkennen; und so war es damals, als die Welt neu geschaffen war, auch in der Nacht.
Und noch etwas war anders: die beiden Monde blieben die ganze Nacht am Himmel, sie nahmen nicht ab und nicht zu. Sie blieben immer gleich groß, wie ja auch die Sonne sich nicht verändert und nicht größer oder kleiner wird. So war jede Nacht relativ hell, und das war eine praktische Sache. Der Teufel war sehr zufrieden dabei, denn er ist ja der Herr der Nacht.
Dann kam aber die Geburt Christi, und da hat sich alles geändert. In der Nacht, als Christus auf die Welt kam, da schickte Gott einen großen Stern mit einem Schweif – Kometen sagen die Gelehrten –, als Zeichen, daß etwas Wunderbares passiert ist. Aber so hell der Stern auch war, gegen das Licht der beiden Monde kam er nicht auf.
Da sagte der Erzengel Gabriel zu Gott: ›Den Stern kann kein Mensch sehen, denn das Mondlicht ist zu hell.‹ – ›Nun, wenn das so ist, dann geh hin und wirf eine der beiden Mondfrauen ins Meer, wo es am tiefsten ist.‹ – ›Und welche soll ich hinunterwerfen? Die Gelbe oder die Rote?‹ – ›Wirf die Rote ins Meer!‹
So flog also der Erzengel Gabriel hinüber, packte die rote Mondfrau und warf sie mit einem großen Schwung ins Meer, wo es am tiefsten ist.
Und seitdem gibt es nur noch einen Mond. Und da diese

Mondfrau noch immer auf der Suche nach der andern ist, verschwindet sie von Zeit zu Zeit.

Aus dem Meer aber sieht man zu Zeiten, wo es ruhig ist, aus der Tiefe ein geheimnisvolles Leuchten. Das ist die dort versenkte Mondfrau.«

*

Da erlaubte ich mir zu fragen: »Und wo ist das Meer am tiefsten?« – »Dort, wo der Mond liegt«, sagte der Ingenieur salomonisch. – »Und wo ist das genau?« – Der Ingenieur seufzte und sagte: »Die Gelehrten meinen, westlich von Kreta sei das Meer über 4000 m tief. Aber wer weiß das schon so genau? Was meint ihr, professore?« – »Allerdings, irren ist menschlich«, versuchte ich zuzugestehen. Damit verebbte das Gespräch.

Es wurde kühl, und die Frauen zogen sich zurück. Wir fanden jedoch, es seien noch zwei Stunden bis Mitternacht, zu früh, um schon ins Bett zu gehen. So wurde beschlossen, noch zu einem Laden zu gehen, der im Hinterstübchen auch Wein auszuschenken pflegte.

Dort angekommen, fanden wir bereits zwei Männer aus der Erzählrunde in meinem Gastquartier, und das Gespräch wandte sich sehr bald von der Politik ab und geheimnisvolleren Bezirken zu: Sagen von Schätzen und von Geistern.

Im Küstenbereich der Inseln und Süditaliens war die Bevölkerung, wie erwähnt, oft den Plünderungen maurischer Piraten ausgesetzt. Ganze Küstenstreifen sind im Spätmittelalter nahezu verödet, weil das Sicherheitsbedürfnis die Menschen in die Berge oder ins Inland getrieben hat. Und viele, die das Risiko von Raubüberfällen auf sich genommen haben, wollten zumindest die wertvollsten Sachen ihrer Habe in Sicherheit bringen. So wurde zweifellos vieles vergraben und manches nicht mehr gefunden. Das gibt ideale Voraussetzungen für Schatzsagen. Ich erzählte verschiedene solche Sagen, die mir in Nordsardinien berichtet worden waren,[4] und das löste im Kreis der Umsitzenden Erinnerungen an mancherlei Varianten dazu aus. Zwei davon sollen hier wiedergegeben werden, weil sie typische Züge enthalten. So wußte ein Einheimischer:

Als ich noch ein junger Bursche war, da habe ich einige Zeit bei einem Onkel als Hirte nicht weit von hier gedient. Eines Nachts – während ich beim Onkel in der Hütte schlafe – kommt ganz aufgeregt einer von den andern Hirten, Peppino, so ein Kerl von etwas über zwanzig Jahren angerannt; er war so aufgeregt, daß er fast nicht mehr reden konnte. – ›Was ist los?‹ fragt mein Onkel. ›Setz dich erstmal hin und sprich ruhig, denn ich verstehe kein Wort.‹ – Jener sagt, er habe mitten im Busch ein Licht gesehen, und da sei er hingegangen, um nachzuschauen, was es dort gäbe. Da habe ein alter Mann mit einer Laterne gestanden. Rechts von dem Mann war eine Truhe und links war auch eine. Und der Alte habe gesagt: ›Junger Mann, hast du Mut? Hier sind zwei Truhen. Die eine ist voll Geld, und die andere voll Schlangen. Wenn du die richtige aufmachst, wirst du reich. Wenn du aber die falsche Truhe aufmachst, so bist du tot.‹ – Ja, da sei er dann davongelaufen, und er wolle erst fragen, was er nun tun solle.
Der Onkel hat sich da etwas bedacht, dann aber gesagt: ›Du mußt die Truhe zur Rechten des Alten aufmachen! Wickle aber für alle Fälle deinen Rosenkranz um die Hand!‹
Da ist dann der Bursche wieder davongegangen. Und erst frühmorgens ist er wieder gekommen und hat gesagt: ›Ich

habe überall gesucht, aber den Alten konnte ich nicht mehr finden.‹ –
Ja, so geht es mit den Schätzen: man darf nicht abwarten und nicht wegrennen, sonst versinken sie wieder. Man muß es halt riskieren oder bleiben lassen.«

*

Und nun die andere Geschichte, die wiederum aus dem reichhaltigen Fundus des ›Ingenieurs‹ stammte, eines Mannes, der offenbar viel herumgekommen war:

In meiner Heimat hat einmal ein Fischer gelebt, der war sehr habgierig. Einmal ist ihm das Gerücht zu Ohren gekommen, in einer bestimmten Grotte wären Kisten mit Gold versenkt, und an Tagen, da das Meer ruhig sei, könne man sie in der Tiefe schimmern sehen. Er ist also in jene Grotte gefahren, aber meist war das Meer zu unruhig, und er hat nichts machen können. –
Aber einmal war ein schöner ruhiger Tag, und da hat auch er in der Tiefe deutlich Kisten mit goldenen Beschlägen erkannt. Er hat sein Netz ausgeworfen, und nach einiger Zeit ist es ihm gelungen, eine der Kisten ins Netz zu bringen, denn er war ein geschickter Mann, der sein Handwerk verstanden hat. Nun hat er langsam das Netz mit der Kiste heraufgezogen, und als es so weit oben war, daß er sich danach bücken konnte, hat er sich über den Rand seines Bootes gebeugt und nach der Kiste gegriffen. Da aber die Kiste sehr schwer war, konnte er sie nicht ins Boot ziehen. Er wollte aber nicht loslassen, und mittendrin hat er das Gleichgewicht verloren, und weil er die Hand nicht herausgebracht hat, hat ihn die Kiste hinuntergerissen ins Meer und er ist ertrunken.«

Es wäre aberwitzig gewesen, zu fragen, woher man das weiß, wenn doch der Fischer allein in die Grotte gefahren ist, und eine solche Frage hätte auch die Atmosphäre und Erlebnisbereitschaft der Zuhörer zerstört; so habe ich dazu geschwiegen, indessen andere und ähnliche Fälle und Vorfälle berichtet wurden.

»Auri sacra fames« – Fluch liegt viel häufiger auf Schätzen als Segen, das wissen die meisten Sagen.

Von den Schätzen gingen die Gespräche zu den Erscheinungen Ertrunkener über, ein Thema, worüber eigentlich mehr in den Kreisen der Fischer häufig erzählt wird, aber auch im küstennahen Raum seinen Niederschlag gefunden hat. Von eigenen Kirchen und Kapellen im Meer, die von den Ertrunkenen besucht würden, war die Rede, wie auch von Toten, die ihre Freunde oder Kollegen noch einmal aufgesucht haben. Die Erzählungen in Monáccio wurden jedoch immer knapper und kürzer, so daß ich lieber später einmal einen Fischer mit einer solchen Geschichte zu Wort kommen lassen möchte, der sie mir mit mehr innerer Anteilnahme erzählt hat.

Wir sind dann auseinander gegangen, um zu schlafen. Zeitig am nächsten Morgen wollte ich in die Berge, aber es kam so, wie es im Süden oft passiert: »Eile mit Weile!« Erst nach stundenlangem Warten fand sich die Gruppe ein, mit der ich losziehen sollte. Man wandert ja gern in größeren Gemeinschaften, wenn es irgend geht, weil das eben doch unterhaltsamer ist.

Eingefunden hatten sich an einem Nebenausgang des Ortes: drei Burschen und zwei Mädchen so etwa um die zwanzig, zwei Frauen schwer bestimmbaren mittleren Alters, ein älterer Mann, mein »Lastträger« und meine Wenigkeit. Den Träger, der mein Tonbandgerät befördern sollte, hatte mein Hauswirt zu einem bescheidenen Tageslohn engagiert. Er war ein schweigsamer, verläßlicher Mann, freilich habe ich oft Blut geschwitzt, weil er das Tonbandgerät auf dem Kopf getragen hat, nachdem er ein Tuch zu einer ringförmigen Wurst verschlungen hatte. Zumal er nur selten – wie beim Überklettern von Hindernissen – zum Abstützen hinaufgegriffen hat, wurde ich die Zwangsvorstellung nicht los, das Gerät könne abstürzen. Es ist aber nichts passiert.

Wir waren also zu zehnt und haben auf das »Großväterchen« gewartet. Endlich ist ein kleiner, untersetzter Mann gekommen. Den üblichen Tragsack hatte er so über die Schulter gehängt, daß die eine Hälfte des Gewichts vorn und die andere auf dem Rücken lag, in der Hand hatte er einen etwa anderthalb Meter langen Stock und auf dem Kopf eine Baskenmütze verwegen aufgesetzt.

Großväterchen erwiderte den Gruß, bestieg einen Stein am Wegrand und zählte zunächst die Häupter seiner Runde. »Zusammen elf«, meinte er, »zwölf wären mir lieber gewesen. Dann hätten wir als die zwölf Apostel gehen können. Aber vielleicht ist eine von den Frauen schwanger? Oder den Mädchen? Dann bitte melden!«

Von seiten der Weiblichkeit hat sich heftiger Protest erhoben, indes ich einzuwerfen versuchte, vielleicht fehle der Judas, und das könne doch nur gut sein.

»Hoffen wir es!« sagte das Großväterchen, hieß mich vortreten, legte seine Linke auf meinen Kopf, hielt den Stock waagrecht in die Luft, und erklärte, ich stünde unter seinem Schutz.

Es hat daraufhin einiges Gelächter gegeben, aber dann setzte sich die »Reisegesellschaft« endlich in Bewegung, Großväterchen an der Spitze. Die Straße wurde bald zu einem Feldweg, der Feldweg zu einem Pfad, bis sich erkennbare Zeichen eines solchen ganz verloren und wir quer durch die Macchia gehen mußten, wobei gelegentlich Steinmäuerchen zu überklettern waren, die Weideflächen, Felder oder hainartige Gruppen von Obstbäumen umschirmten. Beim Übersteigen der Gehege half einer freundschaftlich dem andern, das Gepäck wurde hinübergereicht und gewartet, bis alle das Hindernis überwunden hatten.

Mein eigenes Gepäck bestand aus zwei Mappen, die ich mittels eines Riemens über die Schultern zu hängen pflegte; so entsprach es landesüblichen Gepflogenheiten und war im Gegensatz zu dem damals unbekannten Rucksack nicht auffallend.

So regenwürmelten wir im Gänsemarsch den Hang hinauf, wobei sich Großväterchen die Spitze vorbehielt, ich hinter ihm zu gehen hatte – »damit ich nicht verloren ginge« – wie er erklärt hatte, und der andere ältere Mann den Schluß bildete.

Kaum waren wir aus dem bebauten Bereich heraus, da begannen die Burschen und Mädchen zu singen. Es waren Liebes- und Banditenlieder, die wir zu hören bekamen, und es hat mir leid getan, daß ich sie nicht aufnehmen konnte. Jahre später, als man die Tonband-Mini-Geräte entwickelt hatte, die bequem in der Tasche zu tragen waren, ist es mir auch gelungen, Lieder und Erzählungen aufzunehmen, wie man sie im ganzen mediterranen Raum gern zur Ablenkung und Unterhaltung bei längeren Wanderungen pflegt. *Wegkürzer* hat Martin Montanus seinen 1557 erschienenen Band betitelt, und um ein Verkürzen des langen Weges geht es auch bei solchen Geschichten, die stets der letzte in der Reihe erzählen muß. Geht ihm der Atem aus oder wird er müde, so sagt er: »Bis hierher habe ich euch getragen, jetzt soll ein anderer weitertragen.« Dann löst man ihn ab, sei es, indem jemand die glei-

che Geschichte weitererzählt, sei es, daß einer mit einer neuen Erzählung anhebt.
Nun, bei unserm Aufstieg sollte sich eine heitere Episode ergeben. Wir hatten eben wieder ein Hindernis überquert, als Großväterchen gebieterisch seinen Stock schwang, um zu erklären, er wolle jetzt zu Ehren des professore ein deutsches Lied singen. Und sogleich hat er angestimmt:

»Wer will unter die Soldaten,
Der muß haben ein Gewehr,
Der muß haben ein Gewehr,
Das muß er mit Pulver laden
Und mit einer Kugel schwer.«

Als ich während des Liedes in schallendes Gelächter ausbrach, erhob sich ein lautes Protestgeschrei der Frauen und Mädchen. Großväterchen stand nämlich in dem Ruf, ein Meister von Zoten und zweideutigen Liedern zu sein, und aus meinem Lachen wurde auf einen entsprechenden Text geschlossen. Der wahre Grund meiner Heiterkeit hat aber darin gelegen, daß einerseits Großväterchens Aussprache typisch romanisch war, mit »chaben«, »Gäwärr« und »schwärr«, sowie dem anklingenden »e« an die mit Konsonanten schließenden Endungen, andererseits sang er das Lied im Sechsachteltakt.
Auf den Protest der Weiblichkeit hin drehte sich das Großväterchen um, gebot mit seinem Stock Ruhe und erklärte beleidigt, da gäbe es gar nichts zu lachen, und er ginge keinen Schritt weiter, ehe ich nicht den Text übersetzt hätte. So mußte ich das Lied erst ins Korsische[5] und dann noch ins Französische übertragen, was nicht sonderlich schwerfallen konnte.
Nun fragte aber eines der Mädchen neugierig, warum ich

denn gelacht hätte. Gottlob hat mich in jenem Moment die Muse geküßt, und mir fiel ein, daß ich die Melodie dieses Liedes in Katalonien aufgenommen hatte, wo sie aber zum Text eines Marienliedes gesungen wird,[6] und ich konnte auch jene Fassung vorsingen und den Text, soweit er nicht verstanden wurde, erklären.

Großväterchen war zutiefst befriedigt, erklärte jedoch, nun brauche er etwas Stärkendes. Ich sagte ihm, ich hätte einen Schnaps dabei, der sogar aus einem Kloster stamme, aber höllisch scharf sei. Es hat sich um ein achtzigprozentigen *Schweicklberger Geist* gehandelt, den man entweder zum Einreiben verwendet oder auf einem Stück Zucker oder mit Wasser auf einem Löffel zu nehmen pflegt, und der damals meist in meiner »Reise-Apotheke« wichtiger Bestand gewesen ist. Großväterchen meinte, stark dürfe er ruhig sein, und aus Klöstern erhalte man sonst meist nur Weihwasser, er möge gern das andere Wasser, das Lebenswasser (Aquavit) kosten. Er nahm auch einen gehörigen Schluck, worauf ihm aber die Tränen in die Augen schossen und er sich nach einem leichten Hustenanfall mit einem »Gut!« begnügte.

Später fragte er nach der Lage des Klosters Schweicklberg – den Namen auszusprechen, bereitete ihm Schwierigkeiten – und sagte, er werde sich überlegen, ob er nicht dort eines Tages eintreten werde, wenn er alt genug sei.

Großväterchen nahm dann nicht nur den Weg sondern auch das Singen wieder auf, wobei ich noch heute nicht weiß, ob ihn bei der zweiten und dritten Strophe sein sonst so gutes Gedächtnis im Stich gelassen hat, oder ob er absichtlich den Text verunklaren wollte. Es hat ein Kauderwelsch von Verballhornungen und onomatopoetischen Wendungen gegeben, die ich nur halb verstehen konnte. Und daß sich die »tapferen Franzosen« schließlich auf

»Damen-Unterhosen« reimten, spricht zweifellos für den Verdacht der weiblichen Reisegefährten. Aber da ich mich streng jedes Lachens enthielt, gab es auch keine Aufforderung zu einem Übersetzen der zweideutigen Zeilen.

So sind wir den ganzen Vormittag – freilich in geruhsamen Tempo und mit häufigen Verschnaufpausen – aufgestiegen. Die Landschaft bot nach einigen Regenfällen ein fast frühlingshaftes Aussehen und die Macchia stand in einer Fülle von Blumen und Blüten. Im Rückblick auf die Vorberge und aufs Meer ist man überrascht, wie die Bilder immer wieder wechseln, wenn man von Kaskade zu Kaskade weiter aufwärts steigt.

Um die mittägliche Stunde erreichten wir eine kleine Mulde, die von einem kleinen Hain aus Oliven- und Feigenbäumen, Kork- und Steineichen bestanden war. Die rotleuchtenden Stämme der Korkeichen geben immer wieder einen starken Farbton an die Landschaft weiter und die Feigenbäume bieten einen guten Schatten. Vielleicht deshalb gebot uns Großväterchen, eben hier die Mittagsrast zu halten.

Eine Quelle, die durch die Mulde sprudelte, bot zusätzlich Möglichkeit, den mitgebrachten Wein zu kühlen und zu strecken. Es war Freitag, und man packte kalten Fisch – teils gekocht, teils geräuchert – aus und bot ihn dem professore von allen Seiten an. Da ist es schwer, abzulehnen, ohne jemanden zu verstimmen.

Zwar hatte sich die Gruppe geteilt und Schatten suchend unter verschiedenen Bäumen gelagert, aber es war doch ein sehr unruhiges Kommen und Gehen. Vor allem die jungen Burschen und Mädchen fanden immer wieder einen Grund, hin- und herzuwechseln, obwohl sie sich säuberlich nach Geschlechtern getrennt niedergelassen hatten.

Nach dem Essen wurden Zigaretten angezündet, und da man offensichtlich die Mittagshitze hier abzuwarten gedachte, wäre ich einem kleinen Nickerchen nicht abgeneigt gewesen. Ich hatte jedoch nicht mit dem Großväterchen gerechnet, dessen Mundwerk auch beim Essen ständig in Bewegung war. Er hielt sich viel darauf zugute, längere Jahre auf dem Festland gewesen zu sein – in Marseille und anderswo in Südfrankreich. Außer einem der Burschen, der seine Militärzeit auf dem Kontinent abgedient hatte, war von allen andern Mitgliedern unserer Gruppe sonst noch niemand auf dem Festland gewesen, doch hatten mit einer Ausnahme alle einmal oder auch öfters Besuche in Sardinien gemacht.

Großväterchen war in voller Fahrt mit seinen Erlebnissen in Südfrankreich. Er steckte voller Schnurren und Anekdoten, und wenn er auch nur die Hälfte all dessen wirklich erlebt hatte, was er zum Besten gab, war es noch reichlich viel. Wie ein Pudel sich das Wasser aus dem Fell stäubt, so spritzte er mit kleinen Geschichten um sich.

Da es also mit einem Mittagsschlaf nichts war, entschloß ich mich, wenigstens einige von Großväterchens Schwänken aufzunehmen. Ich setzte also das Tonband in Gang, und das geschah gerade im rechten Moment. Einer der Burschen war nämlich der Quelle aufwärts gefolgt, kam nun zurück und berichtete, sie käme aus einer Felsspalte, die etwa eine Armlänge breit und fast mannshoch sei. Er vermutete eine Höhle dahinter.

»Ach«, sagte Großväterchen, »mit den Höhlen hier ist nicht viel los. Ich kenne ein Dutzend davon und die meisten Hirten kennen noch mehr. Aber im Norden, zwischen dem Monte Rotondo und dem Monte Cinto, da gibt es ganz andere Höhlen! Unheimlich, sage ich euch.« – »Und was ist daran so unheimlich?« wollte der Bursche wissen. –

»Da gibt es verzauberte Höhlen; ihr Eingang ist entweder nicht zu finden oder so schmal wie jene dort oben. Das ganze Jahr kannst du nur an einem einzigen Tag hinein, dann schließt sich die Höhle wieder. Habt ihr davon schon gehört?« wandte er sich an mich. Ich antwortete, ja, man hätte mir in Sardinien von einer Höhle »hinein und nicht heraus«[7] erzählt, in die man nur gelange, wenn man auf den Launeddas [8] eine ganz bestimmte Melodie blase.
»Ai, die Sarden mit ihren Launeddas!« sagte das Großväterchen etwas despektierlich. »Wenn sie halb so tüchtig wären mit ihrem Geblase wie sie immer angeben, so hätten sie es weiter gebracht. Aber was hat es denn mit der sardischen Höhle ›hinein und nicht heraus‹ auf sich?«
Ich habe dann versucht, ein Resumé der Geschichte zu geben, die vom Zauber des Instruments und von der Magie der Melodie weiß. Ich habe nicht immer die rechten Worte finden können, aber eine der älteren Frauen kannte diese Märchensage und erzählte sie zu Ende. Großväterchen wurde unterdessen zappelig; man konnte merken, daß er selbst eine Geschichte loswerden wollte. Und so legte er denn auch los, sobald die Frau zu Ende war:

Gut und schön, aber an eine Höhle, die sich aufs Blasen hin öffnet, glaube ich nicht so recht. Es hängt wohl mit den Sternen zusammen oder mit einem bestimmten Heiligen, wenn sich eine Höhle auftut. Habt ihr schon von den heiligen Märtyrern gehört, die während der Christenverfolgung dreihundert Jahre in einer Höhle geschlafen haben und dann wieder so herausgekommen sind, als wären sie keinen Tag älter geworden?«
Ich habe ihm daraufhin bestätigt, daß ich die Siebenschläfer-Legende oft gehört habe. Neu war mir freilich seine

Variante, denn er meinte, diese Geschichte wiederhole sich alle 300 Jahre, und die betreffenden Heiligen seien schon ein halbes dutzendmal auf der Erde gewesen, aber es habe ihnen nicht gefallen, und deshalb seien sie immer wieder in ihre Höhle zurückgekehrt.

»Jetzt aber aufgepaßt!« setzte er fort, »jetzt will ich eine Geschichte von einer Höhle bei uns im Norden erzählen. Die Geschichte ist wahr, sonst könnte ich sie nicht erzählen. Ich habe sie von einem Mann in Otta gehört, der auch die näheren Umstände kennt. Ich selber bin nicht dort gewesen.

Es gibt da nämlich eine Höhle, die sich jedes Jahr in der Johannisnacht auftut und am nächsten Tag beim Sonnenaufgang wieder schließt. Die Höhle ist voll von Schätzen jeglicher Art, voll von köstlichen Speisen, voll von Wein und Schnaps. Aber ... es gibt da einen gefährlichen Punkt. Die Sache ist nämlich so: man darf, wenn man die Höhle betritt, fünf Sachen nicht tun! Man darf weder essen noch trinken, man darf weder sprechen noch husten, und man darf endlich auch nicht niesen.«

»Und was passiert, wenn man das tut?« fragte ein Mädchen.

»Warte ab!« sagte Großväterchen ergrimmt, »und rede mir hier nicht dazwischen! Du erfährst alles dann, wenn es sein soll. Also – sage ich – man darf nicht essen, trinken, sprechen, husten oder niesen, weil ... tut man das, so fällt man in einen tiefen Schlaf. Weiter passiert einem nichts, aber man schläft und schläft bis zum Jüngsten Tag, falls nicht jemand kommt und einen vor die Höhle hinausträgt und in die Sonne legt. Dann wacht man wieder auf. – Das ist also eine teuflische Sache.

Die Höhle ist groß wie eine Stadt, man kann stundenlang in ihr gehen. Die Wände leuchten und es wird darin nie finster.

Nun, es sind schon viele Menschen in die Höhle hineingegangen, aber da sie entweder nicht gewußt haben, was da verboten ist, oder weil sie großen Hunger oder Durst gehabt haben, oder weil sie zu gierig gewesen sind, haben sie alle eine Dummheit begangen und sind eingeschlafen. Weiß Gott, wieviel Jahre das so gegangen ist, und wieviel Menschen in der Höhle in Schlaf gefallen sind. Kein einziger ist herausgekommen.

Es waren aber da einmal drei Brüder, die sehr früh ihre Eltern verloren haben. Als Hirten haben sie sich so schlecht und recht durchgeschlagen. Einmal sagt der Jüngste in der Früh nach dem Aufwachen: ›Brüder, heute Nacht hat mir etwas geträumt‹. – ›So‹, sagen die, ›was hat dir denn geträumt?‹ – ›Mir sind im Traum unsere Eltern erschienen und haben gesagt, wir sollten doch am Abend vor dem Johannistag zum Punto Aspero aufsteigen. Wir könnten da den Eingang zu einer Höhle sehen, aus der ein Licht herausfalle. Dort sollten wir hineingehen, doch dürften wir weder essen noch trinken, und auch nicht sprechen, husten oder niesen. Dann sollten wir alle Menschen, die in der Höhle seien, heraustragen. Endlich solle sich jeder von uns einen Beutel voll Geld mitnehmen, aber nicht mehr, denn das brächte sonst Unheil. Und wir sollten nicht versäumen, die Höhle vor dem Abend des Johannisfestes zu verlassen; andernfalls müßten wir drinnen bleiben bis zum nächsten Jahr.‹

Nun, die beiden Brüder sagten: ›Was du für einen Blödsinn zusammenträumst! Unglaublich!‹

Aber am nächsten Morgen sagte der mittlere der drei Burschen: ›Ihr werdet es mir nicht glauben: aber mir hat heute Nacht die gleiche Geschichte geträumt wie unserm Peppino.‹ – ›Ach‹, fragte der Älteste, ›hat er dich auch schon angesteckt mit seinem Blödsinn?‹

Aber am nächsten Morgen sagte er selber: ›Verdammt, nun sind auch mir unsere Eltern im Traum erschienen. Ich meine, hinter der Sache muß etwas sein. Laßt uns einmal hinaufsteigen! Ist die Höhle da, so ist sie da; wenn nicht, war eben doch alles ein Blödsinn.‹

Und so sind sie also am Tag vor dem Johannisfest aufgestiegen und haben richtig die Höhle gefunden. Sie ermahnten sich, alle Verbote einzuhalten und gingen in die Höhle hinein. Bald hinter dem Eingang stolperten sie über einen schlafenden Menschen, und das hat sie zu noch größerer Vorsicht angeregt.

Den halben Tag hatten sie zu tun, die schlafenden Menschen – Männer und Frauen, Burschen und Mädchen – herauszutragen. Endlich waren sie damit fertig. Dann sind sie noch einmal in die Höhle hinein gegangen und jeder hat sich einen Beutel mit Geld geschnappt.

In der Zwischenzeit wachte draußen das Volk, das da in der Sonne niedergelegt war, auf. Manche von den Burschen waren mutig und gingen auch noch einmal in die Höhle hinein, sich etwas Geld zu holen. Aber die meisten hatten Angst und trauten sich nicht mehr hinein. Und da ist ein Alter gewesen, der hat sich gedacht: ›Ach was, Geld? Mir ist ein Schnaps lieber!‹ Und er hat sich ein ganzes Faß mit Schnaps hinausgerollt. Aus dem ist – so sagt man – später ein Säufer geworden und im Suff ist er auch eines Tages krepiert.

Nun, ihr könnt euch denken, was für ein Kommen und Gehen das vor der Höhle gewesen ist. Und wie froh alle waren, daß sie wieder lebendig aus der Höhle entkommen sind. Und sie haben sich bei den drei Burschen bedankt. Und die drei Burschen haben sich hübsche Mädchen gesucht und bald geheiratet, und damit ist die Geschichte eigentlich zu Ende.

Viele haben den Zugang zu der Höhle später noch gesucht. Aber selbst am Johannisfest hat man den Eingang nicht mehr gefunden. Möglich, daß sich der Herr der Höhle geärgert hat, oder vielleicht war der Zauber zerstört? – Ich weiß es nicht. Aber merkt euch die Geschichte! Und merkt euch die Verbote, wenn ihr einmal in eine Höhle hineingeht: nicht essen, nicht trinken, nicht sprechen, nicht husten und nicht niesen!«

*

Ich besaß die Frechheit, zu sagen: »Und nicht gähnen.« Der Alte schaute mich einen Moment verdutzt an und fragte dann: »Woher wißt ihr das?« – Ich meinte, ich hätte sowas auf der Insel Mallorca gehört. Und versuchte ihm zu erklären, ich nähme an, der Zauber würde durch den Mund in den Menschen dringen und ihn zum Schlafen zwingen.

»Ja, aber wenn man die Hand vor den Mund hält?« fragte das schlaue Großväterchen.

»Ihr könnt es ja einmal ausprobieren! Ich möchte es lieber nicht riskieren.«

Die Frage wurde dann noch eine Weile diskutiert, und endlich war es wieder Zeit zum Aufbruch.

Die restliche Tagesstrecke führte zum Teil durch dichtes Gestrüpp, zum Teil über eine Geröllhalde, dann gelangten wir in sanftere Weidegründe und endlich in einen talartigen Einschnitt, in dem einige primitive Hütten standen. Hier war sozusagen die »Alm«, das Sommerquartier von Hirten, die jedoch nicht ständig dort wohnten, sondern nur von Zeit zu Zeit mit oder ohne Herden zu den Hütten kamen, um sich mit den nötigsten Lebensmitteln einzudecken.

Die Hütten waren aus dem Granitgestein der umliegenden

Berge zusammengesetzt; sie waren schon alt, zum Teil verfallen oder im Verfall begriffen. Gras wuchs zwischen den Steinen der Wände und oft auch auf dem Dach. Die Innenräume waren ziemlich dunkel, in der Regel nur mit einem lediglich durch einen Holzladen verschließbaren Fenster versehen.

Oberhalb der Hütten floß eine Quelle in eine Zisterne, aus der ein verschließbares Rohr darunter zu einer Viehtränke führte.

Zunächst gab es ein großes Geplauder zwischen den Aufgestiegenen und den Männern, die oben hausten. Frauen oder Mädchen schien es nur bei unserer Gruppe zu geben. Nach Einbruch der Dunkelheit wurde zum Essen gerufen: die Männer und Burschen in die größte der Hütten, die Frauen und Mädchen gingen in eine kleinere. Gemüsesuppe, Käse und Wein, mehr bot die »Speisekarte« nicht, aber die Qualität war ausgezeichnet. Eine Petroleumlampe gab hinreichend Licht, später wurde auch Feuer in einem offenen Kamin entzündet.

Noch lange währte der Austausch von Neuigkeiten, denn noch kannte man hier keine Radios. Endlich aber schien alles Wichtige beredet zu sein und man entdeckte wieder den Berichterstatter, das heißt: Großväterchen führte ihn wie seinen persönlichen Besitz vor und bat mich, etwas vom Tonband zu spielen. Dabei interessierte ihn weniger die aufgenommene Volksmusik, vielmehr wollte er immer wieder seine eigene Stimme und seine eigenen Erzählungen hören.

Da er überhaupt die Gesellschaft dominierte, blieb für mich die Ausbeute des Abends – abgesehen von einigen Volksliedern, die von Banditen handeln – mager.

Unsere Hütte hatte zwei Räume, von denen der eine als Schlafraum diente und mit Stroh und Heu sowie Schaf-

fellen bescheidene Lager anbot. Als die Stunde gekommen war, sich niederzulegen, bot man mir dort ein besonders zurechtgemachtes »Bett« an, aber ich wußte aus Erfahrung, daß derartige Lagerstätten meist stark »bewohnt« sind, und mein Flohpulver hatte ich vergessen und im Koffer unten im Ort zurückgelassen. So ließ ich mich mit dem Hinweis, ich sei ein hartes Lager gewohnt, auf der Holzbank im Wohnraum nieder, mit einer Mappe als Kopfpolster und mit Jacke und Umhang als Decke.

Am Fluchen und an den Geräuschen aus dem Nebenraum merkte ich nach einiger Zeit mit Befriedigung, daß mein Verdacht nicht unbegründet war, und daß besonders die Burschen sich in einen Kleinkrieg mit den Flöhen verwikkelt hatten. Ein heftiges Gewitter um Mitternacht störte die Nachtruhe weiter, denn das Dach war an zahlreichen Stellen undicht, und der Regen sickerte an einigen Stellen durch. Ich hatte jedoch das Glück, gerade unter einer dichten Stelle des Daches zu liegen, und so konnte ich in Ruhe und Gelassenheit über die wunderlichen Flüche des Großväterchens lachen, den ein Guß erwischte, als er eben eingeschlafen war.

Am Morgen war der Himmel wieder rein, es gab zwar keinen Blick aufs Meer, wohl aber auf die Hänge mit ihrem Gemisch von Macchia und Granitfelsen, ein Panorama in diesem amphitheatralischen Kessel.

Ich erlaubte mir, mich dort, wo sich das Wasser aus der Zisterne in die Viehtränke ergoß, zu rasieren; ein »Luxus«, der allgemein bestaunt wurde, denn sonst hat niemand ans Rasieren gedacht. Großväterchen erschien höchst persönlich, nicht nur um mir den kleinen Spiegel zu halten, sondern auch, um genaue Anweisungen zu geben, welche Stellen das Messer noch zu bearbeiten habe. Seine gute Laune war wiederhergestellt, er sprudelte nun nach unruhiger Nacht wie eh und je, als sei nichts gewesen, von witzigen Bemerkungen, Sprichwörtern und Redensarten. So brauchte ich beim Erscheinen zum Frühstück, zu dem auch die »Damen« erschienen sind, nicht für den Spott zu sorgen. Danach verschwanden die einzelnen Mitglieder der Gruppe, um zu ihren jeweiligen Hirten weiterzugehen oder – wie ich von den Frauen und Mädchen später (und leider zu spät) erfahren habe – um ein noch höher gelegenes Kirchlein für den nächsten Tag, einen festtäglichen Sonntag, zu schmücken.

Auch mein »Träger« war plötzlich verschwunden, und so trieb ich mich am Vormittag auf eigene Faust herum. Als ich zeitig zu Mittag zurückkam, saß das Großväterchen zusammen mit einem Mann, der sich als Jäger entpuppte, an einem Feuer im Freien, und an einem Bratspieß darüber waren verschiedene Rebhühner – jeweils mit einer dicken Speckscheibe dazwischen – aufgereiht. Das Großväterchen engagierte mich sogleich als Bratspieß-Dreher, und ich war froh, mir in dieser Wissenschaft bereits auf Sardinien eine gewisse Praxis erworben zu haben. Später dann, als mein Träger zurückkam, mußte er mich ablösen, und nachdem auch die Weiblichkeit zurückgekehrt war, begann ein lustiges Schmausen, das sich bis weit in die Nachmittagsstunden erstreckte.

Am späteren Nachmittag fragte mich das Großväterchen, ob ich bei ihm und den Burschen in der Hütte bleiben wolle, es käme auch noch allerhand Volk aus den Dörfern nach, oder ob ich mit dem andern Alten und den Frauen zur Kirche hinaufsteigen wolle, dann sei ich am Morgen gleich zur Messe oben.

Ich überlegte mir, daß eine kleine Ruhepause vom Großväterchen ganz wohltuend sein könne, denn er war doch auf die Dauer etwas anstrengend, und so entschloß ich

mich für den Aufstieg, worauf mir noch von Weisheit triefende Verhaltensmaßregeln mitgegeben wurden.
So sind wir, das heißt der eine alte Mann, mein Träger und ich, mit den Frauen und Mädchen zum Kirchlein aufgestiegen, wo wir bereits einige Frauen und ältere Männer antrafen. Mein Träger fragte, ob ich ihn noch brauche, und ist dann wieder zu den Hirtenhütten abgestiegen.
Das Kirchlein dort war dem hl. Antonius als Patron geweiht, doch muß es früher ein anderes Patrozinium besessen haben, wie mir später der Priester erzählte. Es war von einem Mäuerchen eingefaßt, und auf diesem sitzend haben wir unser Abendessen verzehrt. Nach Anbruch der Dämmerung ging man in die Kirche, auf dem Altar wurden Kerzen angezündet, und die Frauen begannen, den Rosenkranz zu beten, und danach wurden Kirchenlieder und religiöse Volkslieder gesungen.
Schließlich lagerten sich die Frauen und Mädchen vorne vor dem Altar; die Männer hinten in der Kirche beim Eingang. Die ganze Nacht hindurch brannten einige Kerzen. Hinten im Kreis der Männer begann einer zu erzählen, ich konnte im Halbdunkel nicht sehen, wer es war, und erfuhr auch am nächsten Tag den Namen nicht. Es waren zunächst Mirakelgeschichten und Heiligenlegenden, von denen manche dem Typus nach zwischen Sagen und Legendenmärchen standen, während andere sich Geister- und Gespenstergeschichten näherten. Eine dieser Erzählungen möchte ich hier wiedergeben, weil sie mir in verschiedenen Varianten in Nordsardinien und Südkorsika noch mehrmals begegnet ist. Ich habe sie auf Band aufnehmen können, doch will ich hier die Zwischenrufe weglassen, die vor allem aus dem Kreis der Frauen erklungen sind. Da gab es teils Zwischenfragen, teils ergänzende Bemerkungen von Hörern, die den Stoff offensichtlich ge-

kannt haben, teils auch Ausrufe des Schreckens.
Eine indirekte Einleitung zu dieser Erzählung war ein vorausgegangenes Gespräch darüber, ob hier oben bei der Kirche schon einmal Tote begraben worden seien oder nicht. Der Sprecher behauptete: nein; man habe alle, die hier oben in den Bergen gestorben seien, in die Dörfer hinuntergetragen und dort beerdigt. Aus dieser Diskussion heraus kam dann die folgende Geschichte:

Ihr braucht also keine Angst zu haben! Tote sind hier nie beigesetzt worden, und von umherschweifenden Seelen oder von Gespenstern hat nie jemand etwas gehört. Ich weiß schon, daß ihr denkt, es könnten Tote kommen, um hier ihre Tänze abzuhalten. Aber das gibt es nur bei solchen Kirchen, wo ein Friedhof entweder gleich bei der Kirche oder eben doch im Dorf ist. Deshalb soll man auch nicht um Mitternacht auf Straßen gehen, die von einem Friedhof zu einer Kirche führen, ja man soll nicht einmal aus dem Fenster auf eine solche Straße hinausschauen.
Aber auch wenn man einmal eine solche Straße um Mitternacht gehen muß, und wenn einem eine Schar von Verstorbenen begegnen sollte, so braucht man doch keine Angst zu haben, denn es gibt bestimmte Mittel und Gebete, mit denen man sich schützen kann. Und ich kenne da einen Fall, und manche von euch haben sicher schon davon gehört; andere aber nicht, und deshalb will ich diese Sache erzählen, damit ihr sehen könnt, was man machen muß.
Die Sache mag so vor fünfzig oder sechzig Jahren passiert sein; es könnte aber auch schon länger her sein, und ich weiß nicht mehr genau, wo das alles passiert ist.«
(Hier hat es einen Zwischenruf einer Frau gegeben, die ei-

nen Ort genannt hat – ich konnte den Namen leider später nicht identifizieren – doch haben andere Stimmen widersprochen.)

»Nun, der Ort spielt keine Rolle. Ihr seht aber, daß das alles sich wirklich zugetragen hat. Es waren da ein Mann und eine Frau, die hatten eine Tochter, die hieß Andrea. – Nein, nein, Maria hat sie auf keinen Fall geheißen, auf gar keinen Fall! Andrea oder Paula, das könnte ich jetzt nicht mehr so genau sagen. Aber Maria? Niemals! – Nun gut, die Mutter, die aus einem vermögenden Haus stammte, starb früh; durch einen Unfall, hat man erzählt. Da war ihre Tochter, ob sie nun Andrea oder Paula geheißen hat, ist gleich, noch klein, vielleicht vier, vielleicht fünf Jahre. So hat der Vater noch einmal geheiratet. Eine Witwe hat er genommen, die brachte zwei Kinder in die Ehe mit, und dann haben sie nochmals zwei Kinder gehabt.

Jene Frau aber, die Stiefmutter von Andrea oder Paula – nein, nein, höre auf! keine Maria – war ein böses und habsüchtiges Weib. Sie wußte: das meiste vom Besitz ihres Mannes stammt von dessen erster Frau, und darauf hat sie und ihre Kinder keinen Anspruch, sondern das gehört alles einmal, wenn sie groß ist, der Andrea. Sie hätte aber den Besitz gern selber gehabt. Was hat sie also gemacht? Nun, das ist später passiert, da war ihre Stieftochter schon ein Mädchen so mit zehn oder elf Jahren.

Sie versteckte also am Abend in der Kirche unter ihrem gewöhnlichen Platz ihre Geldtasche, und um Mitternacht weckte sie dann die Andrea und sagte: ›Kind, laufe schnell in die Kirche! Ich habe dort heute meine Geldtasche vergessen oder verloren. Sie muß unter der Bank liegen. Hole sie, damit nicht jemand sie mitnimmt, der in die Frühmesse geht.‹

Und sie dachte bei sich: Nun werden die Toten ihren Tanz

abhalten, und die werden das Mädchen nicht mehr fortlassen. So komme ich zu ihrem Besitz.
Das Mädchen, halb schlaftrunken, dachte sich nichts dabei und machte sich also auf den Weg in die Kirche. Wie sie ans Eck kommt, wo die Straße zur Kirche umbiegt, kommt ihr aber ihre Mutter – ihre echte Mutter, ihre leibliche Mutter – entgegen. Die sagt: ›Kindchen‹, sagt sie, ›wenn du zur Kirche kommst, dann wirst du davor die Toten tanzen sehen. Und wenn sie dich bemerken, werden sie um dich herumtanzen und dich zwingen wollen, mit ihnen zu tanzen. Du brauchst dich aber nicht zu fürchten, wenn du den folgenden Spruch sagst, dann können sie dir gar nichts tun:

Auf Sankt Petrus hab' ich vertraut,
Auf Sankt Paulus hab' ich gebaut,
Nach Sankt Andreas ruf' ich laut!

Mach es so, und nichts passiert dir!‹
Und damit ist ihre Mutter wieder verschwunden. Das Mädchen aber biegt ums Eck und geht auf die Kirche zu. Richtig: dort tanzen die Toten im Kreis, und wie sie das Mädchen sehen, tanzen sie um es herum und wollen Andrea veranlassen, mitzutanzen. Aber die Kleine sagt:

Auf Sankt Petrus hab' ich vertraut,
Auf Sankt Paulus hab' ich gebaut,
Nach Sankt Andreas ruf' ich laut.

Und wie die Toten das hören, lassen sie das Mädchen passieren. Gar nichts ist ihr geschehen. Sie kann die Tasche aus der Kirche holen und ruhig wieder bei den tanzenden Toten vorbei und heimgehen.

Also, die Stiefmutter war sehr überrascht, daß das Mädchen heimgekommen ist. Sie wollte wissen, was war. Andrea hat ihr alles erzählt.
Nun, die Frau hat genau verstanden, was da war. Und sie hat verstanden, daß sie nichts machen kann, weil die Mutter von Andrea scharf aufpaßt, und daß es gefährlich werden kann, wenn man da Schwierigkeiten macht. Sie hat Andrea verheiratet, sobald das gegangen ist, und hat deren Besitz ungern herausgerückt.

Anschließend setzte das Gespräch wieder ein, und eine andere Frau erzählte verkürzt auch ihre Variante, wonach das Mädchen eben Maria geheißen habe, die Stiefmutter die Tasche nicht in der Kirche sondern bei einem Grab auf dem Friedhof außerhalb des Dorfes deponiert habe. Auch lautete der Spruch anders, den die Mutter dem Kind geraten hat, nämlich:

»Heute ist ein großes Fest,
Da singt und tanzet ihr;
Erst wenn unsere Stunde kommt,
Dann singen und tanzen wir.«

Ich vermute, daß die Fassung dieser Frau die ältere Version darstellt, während jene des Mannes eine christianisierte Form aufweist.[9]
Schließlich gebot einer der Männer Ruhe, man sprach noch ein gemeinsames Gebet und streckte sich dann aus. Ich konnte freilich nur schwer Schlaf finden, nicht nur wegen des sehr harten Lagers, sondern auch weil eine leichte Unruhe in der Kirche herrschte. Nach einer Weile schlich ich mich aus der Kirche heraus und sah dort auf dem

Mäuerchen einen Mann sitzen – ich habe seine Zigarette glimmen gesehen, sonst war es stockfinster – und im ersten Moment bin ich mit all den vielen Geistergeschichten fast erschrocken, habe mich aber dann zu ihm gesetzt. Er hatte eine Flasche Schnaps bei sich und bot daraus freizügig an. Und mangels anderer Schlafmittel tranken wir uns da die nötige Schwere an, so daß ich ohne Gespensterträume bis zum Morgen schlief.

An diesem Sonntag-Morgen ist der Pfarrer einer Gemeinde singend mit einer Gruppe den Berg heraufgekommen, und nach drei Umrundungen der Kirche zogen alle feierlich in das Kirchlein ein. Dort gab es einen festlichen Gottesdienst, zu dem ein zweistimmiger »Männerchor« die lateinischen Teile des Hochamts gesungen hat. Nach der Messe jedoch verabschiedete sich der Priester ziemlich schnell von einzelnen ihm bekannten Personen, und stieg wieder zu Tal, und die Masse des Volkes folgte ihm – ganz im Gegensatz zu solchen Festivitäten in Sardinien (etwa S. Antonio bei Austis) – wo sich mit Tanz und Gesang alles bis in den späten Nachmittag hinein unterhält. So stand plötzlich wieder das Großväterchen im Mittelpunkt der Zurückgebliebenen. Mit allerlei behelfsmäßigen Sitzen ließ man sich um einen steinernen Tisch nieder, und ein sehr fröhliches Schmausen begann.

Jean Ortoli sagt im Vorwort zu seinen korsischen Volkserzählungen: »... wenn es irgendwo ein Volk gibt, das das Lachen liebt, so ist es das korsische.«[10] Dieser Ausspruch ist zwar bereits hundert Jahre alt, doch scheint er seine Gültigkeit nicht verloren zu haben. Die Freude an heiteren Gesängen und auch an derben Schwänken war unerschöpflich. Ich war etwas erschöpft, als wir uns am Nachmittag, während sich der Himmel überzogen hatte, auf den Abstieg machten. Aus unerfindlichen Gründen ging es nicht nach Monaccia hinunter sondern über S. Gavino nach Poggiale. Auch die kleine Siedlung S. Gavino rief wieder Reminiszenzen an Sardinien wach, wo dieser Heilige beheimatet ist. Nicht nur trägt auf der Nachbarinsel ein größerer Ort seinen Namen, sondern auch als Vorname begegnet man »Gavino« recht häufig, und zu den ältesten Dichtungen in sardischer Sprache zählt im 15. Jahrhundert das Epos des Erzbischofs von Sassari Antonio Cano,[11] der Leben und Taten dieses Heiligen volkstümlich beschrieben hat. Hundert Jahre später hat der damals bedeutendste sardische Dichter Araolla, der sich ebenso der sardischen wie der lateinischen, italienischen und spanischen Sprache bedient hat, dann die Geschichte etwas anspruchsvoller nacherzählt.

Die Dämmerung war bereits hereingebrochen, als wir Poggiale erreichten. Zusammen mit Großväterchen quartierte man mich in einem größeren Zimmer ein und lud uns zum Abendessen ein. Auch bei diesem Nachtmahl und danach wurde viel gesungen und erzählt, aber ich war zu müde gewesen, um das Magnetophon zu aktivieren, geschweige denn, mir Notizen zu machen.

Man mag hier die Frage einwerfen, ob denn in ländlichen Bezirken Korsikas pausenlos erzählt worden sei. Sicher galt das nicht für den normalen Ablauf der Werktage, wohl aber für die Abendstunden und erst recht für die Feiertage. Stanislao Prato hat schon im vorigen Jahrhundert folgende Beobachtung gemacht: »Welche Flut von Volkserzählungen könnte man doch auf Korsika sammeln! Es gibt sozusagen keine Person, insbesondere im ländlichen Bereich, die nicht alle möglichen Abenteuer von Feen, Riesen und Heiligen, oder vom Teufel, zu erzählen wüßte.«[12] Auch wenn solche Feststellungen für die Mitte des 20. Jahrhunderts nicht mehr gelten können, so war damals in den fünfziger Jahren dennoch das Erzählen nicht ausgestorben, zumal eine Verdrängung durch Rundfunk oder Fernsehen erst im Bereich der Städte einzusetzen begann. Es gehört zu den erstaunlichen Tatsachen, daß Forscher und Sammler so lange an den Schätzen der mündlichen Überlieferung Korsikas vorbeigegangen sind, und es ist überaus bedauerlich, daß Ortoli die von ihm gesammelten Geschichten nicht im originalen korsischen Idiom hat veröffentlichen können, sondern daß lediglich eine Übersetzung ins Französische erschienen ist. Erst in neuerer Zeit, da anderswo die Märchensammlungen weitgehend abgeschlossen waren, sind weitere korsische Geschichten im Druck erschienen.[13] Manche Texte liegen noch unberührt in Sammlungen und Privatarchiven.

Am nächsten Morgen galt es, erst meinen Träger zu entlohnen und dann auf ein Auto zu warten, das mir sowohl meinen in Monaccia zurückgelassenen Koffer nachbringen wie mich selbst nach Porto Vecchio, an der Südostküste Korsikas gelegen, mitnehmen sollte. Auch dieses Städtchen hatte einmal einen festungsartigen Charakter und erinnert an die Zeit der Sarazenenkriege. In den Tagen, da ich es passierte, träumte es eben von einem neuen Aufschwung, von Bahnanschluß und allem möglichen, doch haben sich die hochgehenden Erwartungen nicht erfüllt. Besser sollten sich später touristische Vorhaben umsetzen lassen, von denen damals noch nichts zu ahnen war. Für mich ist Porto Vecchio eine Durchgangsstation geblieben, und obwohl Ortoli gerade in diesem Ort viele seiner Märchen notiert hat, wurden meine Erwartungen zunächst enttäuscht. Das heißt: öfters als anderswo bestanden die Geschichten mehr aus Inhaltsangaben von Märchen, oder der Erzähler mußte abbrechen, weil ihm der Fortgang der Handlung entfallen war.

Bei einem kurzen Aufenthalt bleibt fast alles freilich vom Zufall abhängig, und die Wahrscheinlichkeit einer Begegnung mit lebhaften Erzählern schwindet mit der zunehmenden Größe eines Städtchens.
Nachdem ich manches aufgenommen (und wieder gelöscht hatte) sollte ich doch noch in Gestalt meiner Herbergsmutter Glück haben. Frau Angela Marini stammte selbst gar nicht aus Porto Vecchio sondern aus dem Zentrum der Insel – Bastelica – doch lebte sie damals schon seit Jahrzehnten in diesem kleinen Hafenstädtchen. Still und schweigsam hatte sie lediglich zugehört und aufmerksam beobachtet, wie ich das Magnetophon bediente und mir Notizen machte. Als wir dann allein waren, äußerte sie sich abschätzig über meine Erzähler. Sie selbst – so meinte sie – sei ja auch keine gute Erzählerin, aber sie wisse doch wenigstens ihre Geschichten vollständig. So kam ich dann doch noch zu einigen kompletten Texten, darunter auch ein Märchen, das in zahlreichen Varianten bekannt ist – auf der Nachbarinsel Sardinien läuft es unter dem Titel *Die Ratschläge Salomos*[14] – und das auch Ortoli aus dem Munde einer Frau in Porto Vecchio aufgezeichnet hat, das jedoch Frau Marini in einer davon stark abweichenden Version erzählen sollte:

Es lebte einmal eine arme Frau, der war ihr Mann gestorben, und sie wußte nicht, wie sie sich und ihre drei noch unmündigen Töchter durchbringen sollte. Nachdem sie hin- und hergedacht hatte, teilte sie das wenige Geld, das sie besaß, in drei Teile, rief ihre Töchter und sagte: ›Liebe Kinder: hier könnt ihr nur verhungern. Zieht also in die Welt, bleibt brav, und seht zu, daß ihr euch durchs Leben schlagt.‹

Hierauf nahm die Älteste ihren Anteil, es sollen oder mögen drei Sous gewesen sein – damals war das freilich etwas – und machte sich auf den Weg. Sie ging ins Gebirge hinein in Richtung auf eine Stadt. Und als sie ein Stück gegangen war, begegnete ihr ein Bettler. Das war ein alter Mann mit einem ganz weißen Bart. Der Alte sagte: ›Wo willst du hin?‹ – ›Ich‹, sagte das Mädchen, ›ich will in die Stadt.‹ – ›Und schenkst du mir armen alten Mann eine Kleinigkeit?‹ – ›Nein‹, sagte das Mädchen, ›ich habe selber ganz wenig und kann nichts verschenken.‹ – ›Nun, da kann man nichts machen‹, sagte der Alte. ›Hättest du mir etwas gegeben, so hätte ich auch dir etwas gegeben.‹ – ›So‹, sagte das Mädchen, ›und was denn?‹ – ›Ich hätte dir einen guten Rat gegeben.‹ – ›Ach‹, sagte das Mädchen, ›Rat brauche ich keinen, schlau bin ich selber.‹ – ›So paß nur auf, daß du mit deiner Schlauheit nicht den Kopf verlierst!‹ sagte der Alte; das Mädchen aber wanderte weiter.
Am Abend kam es an ein Wirtshaus, an dem angeschrieben stand: ›Hier kann man ohne Bezahlung essen und übernachten.‹ Der Wirt war aber ein Mensch, der einmal mit dem Teufel Karten gespielt und verloren hatte. Da er seine Schulden nicht bezahlen konnte, hat ihn der Teufel ganz fürchterlich zugerichtet: das Gesicht hat er ihm schrecklich zerkratzt, so daß die Spuren der Teufelskrallen auf jeder Wange zu sehen waren, die Nase hat er ihm halb ausgerissen und die Augen so verdreht, daß er schielen mußte, und schließlich hat er ihm auch noch ein schiefes Maul gegeben. Mit einem Wort: der Mann sah so häßlich aus, daß man davor erschrecken mußte. Der Teufel hatte den Mann aber noch dazu verwünscht: so mußte er jeden Menschen, der vor ihm erschrak und der ihn wegen seiner Häßlichkeit ansprach, umbringen und das Fleisch jenen Gästen vorsetzen, die nichts zu seiner Häßlichkeit gesagt

haben, weil sie gleichgültig waren. Wer aber von dem Menschenfleisch gegessen hatte, war dem Teufel verfallen. Das Mädchen klopfte an, trat ein, und als es den Wirt sah, erschrak es und sagte: ›Jö! Woher kommt es, daß ihr so verunstaltet seid?‹ – Da mußte sie nun jener arme Mensch packen und umbringen. Aus war es!

Inzwischen war auch die mittlere Tochter von daheim fortgegangen. Und ähnlich wie ihrer älteren Schwester begegnete sie unterwegs jenem Alten. Sie war aber genau so geizig wie ihre Schwester, und gab dem Alten nichts und erhielt auch keinen Rat. Auch sie kam am Abend zu jenem Wirtshaus, wo geschrieben stand: ›Hier kann man ohne Bezahlung essen und übernachten,‹ und sie dachte sich in ihrer Habsucht: ›Das ist gut! Da werde ich eine Woche bleiben und es mir gut gehen lassen!‹

Sie klopfte an, ging hinein, und wenn sie auch innerlich erschrak, als sie den häßlichen Hausherrn sah, so sagte sie doch nichts, weil sie bei sich dachte, wenn man umsonst essen, trinken und schlafen dürfe, müsse man eben hinnehmen, daß der Patron ein Scheusal sei.

Sie ließ sich am Tisch nieder. ›Nun, habt ihr Hunger?‹ fragte der Wirt. Ja, sie habe Hunger und könne vor allem ein großes Stück Fleisch vertragen. – ›Das sollst du gleich haben!‹ hat der Wirt gesagt; und nach einer Weile brachte er ihr gebratenes Menschenfleisch – und damit war sie dem Teufel verfallen.

Am andern Tag ging die Jüngste von daheim weg, nachdem sie den Segen ihrer Mutter erbeten hatte. Sie ging den gleichen Weg wie ihre beiden Schwestern und begegnete an der gleichen Stelle jenem Alten.

Der Alte mit dem weißen Bart sprach sie an: ›Grüß dich! Wo willst du hin?‹ – ›Ich will in die Stadt, Großvater‹, sagte die Kleine. – ›Und schenkst du einem armen alten

Mann etwas?‹ – ›Ich habe leider nur drei Sous‹, sagte das Mädchen, ›die sollt ihr gern haben.‹ Und damit gab sie dem Alten ihr ganzes Geld.
Da sagte der Alte: ›Luisa, das ist sehr lieb von dir, daß du mir alles gibst, was du besitzt. Und weil du ein so braves Mädchen bist und so gut zu den Armen, will ich dir auch drei Ratschläge geben, und wenn du dich daran hältst, wird es dir gut gehen.‹ – ›Und wie heißen deine Ratschläge?‹ – ›Der erste heißt: wenn du einem häßlichen Menschen begegnest, so laß dir nichts anmerken, sondern tu so, als wäre er schön, denn nur Gott sieht das Herz, und aufs Gesicht kommt es nicht an.› – ›Gut‹, sagte die Kleine, ›das ist richtig, und ich will es mir merken.‹ – ›Mein zweiter Rat ist‹, sagte der Alte, der kein geringerer als der heilige Petrus war, ›wenn dir heute Abend der Wirt Fleisch anbietet, so nimm es nicht! Es könnte dir Unheil bringen.‹ – ›Gut‹, sagte das Mädchen, ›auch dieser Rat ist wichtig; aber heute ist Freitag, und da hätte ich sowieso kein Fleisch gegessen. Und was ratet ihr mir zum dritten?‹ – ›Zum dritten Rat gebe ich dir ein Fläschchen mit Paradies-Wasser. Wenn du in dem Haus des häßlichen Mannes geschlafen hast, so wasche dich am Morgen mit der Hälfte des Wassers aus diesem Fläschchen, dann wirst du bis ins hohe Alter hinein ein schönes, junges Gesicht behalten. Während du dich wäscht, wird jener Häßliche kommen und fragen, was du machst. Sag es ihm ruhig und überlasse ihm die andere Hälfte des Fläschchens. Das Weitere wird sich ergeben.‹
Das Mädchen nahm das Fläschchen, bedankte sich bei dem Alten, und ging weiter auf ihrem Weg.
Am Abend kam es zu jenem Wirtshaus mit der Aufschrift: ›Hier kann man ohne Bezahlung essen und übernachten.‹ Luisa klopfte an und ging hinein. Als der häßliche Haus-

herr kam, schaute sie ihn furchtlos an, grüßte ihn und sagte: ›Stimmt das, was am Hause geschrieben steht?‹ – ›Es stimmt!‹ sagte der Häßliche. ›Ich will dir gleich einen guten Braten und Gemüse bringen.‹ – ›Ach nein‹, sagte Luisa, ›ich will heute kein Fleisch essen, denn es ist Freitag. Ich bin mit dem Gemüse allein ganz zufrieden.‹

Der Patron wunderte sich, daß das Mädchen nichts über sein entstelltes Gesicht gesagt hatte, und er wunderte sich noch mehr darüber, daß es kein Fleisch essen wollte, wo es doch nichts kosten sollte. Das Mädchen aß dann, betete und legte sich schließlich zum Schlafen hin.

Am nächsten Morgen stand es auf, bat den Wirt um eine Waschschüssel und goß die Hälfte des Wassers aus jenem Fläschchen hinein und wusch sich damit das Gesicht.

Während der Wirt ihr zuschaute, bemerkte er, daß das Gesicht des Mädchens immer hübscher wurde; und neugierig geworden, fragte er: ›Was tust du denn da, und was ist dies für ein Wasser, daß du vom Waschen ein so schönes Gesicht erhältst?‹ – ›Ja‹, sagte Luisa, ›das ist allerdings ein besonderes Wasser; aber ich brauche nicht alles, und wenn ihr die Hälfte haben wollt, die noch im Fläschchen ist, so könnt ihr sie ruhig nehmen.‹

Da goß der Wirt das Wasser in eine andere Schüssel, und als er sich damit das Gesicht wusch, da wurde die Nase wieder richtig, die Spuren der Teufelskrallen verschwanden, die Augen schielten nicht mehr und auch der Mund war wie vorher, bevor ihn der Teufel verunstaltet hat.

Der Mann wußte nun: es muß ein geweihtes Wasser sein! Und er wußte auch, daß er vom Teufel befreit war. Und vor Freude über seine Erlösung schenkte er dem Mädchen das Wirtshaus und seinen ganzen Besitz und ging fort, um nach Rom zu pilgern.

Luisa aber ließ ihre Mutter nachkommen, und die beiden Frauen haben das Wirtshaus geführt, aber sie haben die Gäste nicht mehr umsonst aufgenommen, sondern gegen eine bescheidene Bezahlung.
Das ist alles.«

*

Soweit also die schlichte Erzählung von Frau Marini, die auf Befragen zur Antwort gab, daß sie die Fassung von Ortoli nicht kenne. Auch der Name der von Ortoli genannten Gewährsperson Adelaide de Alma war ihr nie zu Ohren gekommen. Frau Marini war zwar bereits über siebzig Jahre, doch war sie erst nach der Jahrhundertwende nach Porto Vecchio gekommen. Sie bestätigte freilich, daß sie diese Geschichte nicht von daheim mitgebracht sondern erst in Porto Vecchio gehört habe. Sie konnte sich jedoch auf die Quelle nicht mehr besinnen.
Frau Marini setzte sich zum Erzählen nicht nieder, wie es sonst fast alle Erzähler tun, wenn im Hause ein Märchen wiedergegeben wird; sie blieb die ganze Zeit stehen, begleitete ihren Text zuweilen mit weitausholenden Gesten.
Vergleicht man ihre Fassung mit jener Ortolis, so ergeben sich folgende Abweichungen:[15]

Ortoli	*Marini*
Satan selbst schickt zwei seiner Söhne, nachdem er sie verunstaltet hat, aus, das Teufelswirtshaus zu errichten.	Ein Mensch gerät durch Kartenspielen in die Macht des Teufels und muß ein Wirtshaus aufmachen, um Menschen zu verderben.
Eine arme Frau verteilt ihren Besitz (45 Francs) an ihre drei Söhne.	Eine arme Witwe verteilt ihr Geld (9 Sous) an ihre drei Töchter.

Zwei Söhne kommen – ohne vorherige Begegnung! – zum Wirtshaus und werden von den beiden Teufeln überwältigt und in den Keller gesperrt.	Zwei Töchter begegnen einem Bettler geben ihm nichts und kommen im Wirtshaus um.
Eine ›Dame‹ (die hl. Jungfrau) begegnet dem Jüngsten und ›verkauft‹ ihm für seine 14 Francs drei Ratschläge: »Misch dich nicht in fremde Angelegenheiten ein! – Gib nie den alten Weg für den neuen auf! – Sei blind und taub!«	Ein alter Bettler erhält von der Jüngsten deren Besitz geschenkt, erteilt drei Ratschläge und gibt ihr ein Fläschchen mit Paradieswasser. Die Ratschläge sind nicht allgemeiner Natur sondern spezifisch für den Fall.
Der Held – Antonarello – befolgt die Ratschläge und entgeht dem Unheil. Der Schluß bleibt offen.	Die Heldin – Luisa – hält sich an den Rat des hl. Petrus, erlöst den Verhexten und gewinnt das Wirtshaus.

Das Motiv von den Weisheitsregeln oder Ratschlägen ist seit dem Mittelalter belegbar und weit verbreitet. Die drei Lehren lauten in den verschiedenen Texten unterschiedlich.[16] Schon in einem der ältesten Romane im deutschen Raum, im *Ruodlieb* (11. Jh.), werden dem Helden zwölf Weisheitsregeln erteilt. Unser angeführter Text zeigt jedoch, daß sowohl die männlichen Handlungsträger gegen weibliche ausgetauscht werden können, wie auch die Ratschläge sowohl allgemeiner Natur sein wie auf die konkrete Situation zugespitzt lauten können. Die jenseitige Gestalt, welche die Freigebigkeit belohnt, ist in den beiden korsischen Texten christianisiert. Das Rahmenelement bleibt relativ gleich.

Wir haben gesagt, daß sich Frau Marini selbst nicht für eine »gute« Erzählerin hielt. Ich habe ihr daraufhin widersprochen und sie gefragt, was nach ihrer Meinung zu einem »guten« Erzähler an Eigenschaften gehöre. Sie verstand das nur sehr undeutlich zu formulieren, aber es wurde doch klar, daß sie ein freies Improvisieren für den Höhepunkt der Meisterschaft hielt. Sie selbst könnte nur einige wenige Geschichten erzählen, und die dürfe sie nie verändern, sonst verlöre sie den Faden. In ihrer Selbstcharakterisierung war sie also als »Nacherzählerin« zu betrachten, die wohl aufgrund eines guten Gedächtnisses Gehörtes exakt wiederzugeben verstand, jedoch nicht eine Geschichte zu kürzen oder verlängern, Seitenepisoden einbauen oder die Handlung mit neuen Motiven zu verbinden verstanden hätte.

Umso hilfreicher war jedoch Frau Marinis Hinweise, wo man auf interessante Quellen stoßen könne, wie ich ihr überhaupt großen Dank für ihre praktische Hilfe zur Fortführung meiner Wanderung schulde. Dank ihrer vermittelnden Empfehlung kam ich auch wieder zu einem Esel. So konnte ich am nächsten Tag Porto Vecchio zuversichtlich verlassen, um mit dem Autobus bis Solenzara zu fahren. Die Regenfälle der letzten Nächte hatten dem frühherbstlichen Land wieder einen fast frühlingshaften Anstrich gegeben. Die Macchia stand voller Blumen und Blüten. Man wird Ernst Jünger zustimmen bei seiner Beobachtung: »Auf keiner Insel des Mittelmeers, selbst nicht auf den Balearen und auf Rhodos, sah ich einen so reichen, so gedrängten Flor der Macchia.«[17]

Auch die vielen Bäche und kleinen Flüßchen, die von den Bergen zum Meer streben, führten genug Wasser, während man unwillkürlich an die ausgetrockneten Flußbette Sardiniens zurückdachte.

Wie der Ort, so heißt auch der kleine Fluß Solenzara, den entlang ich nun ins Gebirge hinein wandern sollte, um die Gegend um den Monte l'Incudine, »den Amboß«, zu erreichen, der mit seinen 2136 m der höchste Berg Südkorsikas ist. Dieses Granit-Massiv hat seinen Namen von seiner ungewöhnlichen abgeplatteten Spitze erhalten. Noch waren die kleinen Hirtensiedlungen, die im Winter verlassen stehn, in höheren Lagen bewohnt. Sie waren zunächst mein Ziel.

Wie schon erwähnt, hat man mir nicht wie auf der Nachbarinsel eine Eselin zu treuen Händen überlassen, sondern sie wurde nur mit einem »Führer«, hier einem dreizehnjährigen Burschen namens Giovanni kostenlos zur Verfügung gestellt, lediglich mit der Auflage, für die Verköstigung des Zwei- und des Vierbeiners aufzukommen.

Zwar verklärt die späte Erinnerung stets alte Erlebnisse und Bilder, aber das Tagebuch aus jenen Jahren verzeichnet mit mehr Härte, daß Giovanni oft störrischer gewesen ist als die Eselin. Giovanni haßte vor allen Dingen Umwege und hatte kein Verständnis für meine Wünsche, etwas abseits der Straße zu besehen, oder gar allein wegen der landschaftlichen Schönheit eine weitere Strecke zurückzulegen, als unbedingt nötig. Er war für sein Alter auffallend ernst und verschlossen, doch bescheiden und unbedingt zuverläßlich.

Am Anfang hielt ich's nach dem alten Rat: »Der Gescheitere gibt nach« (›weil er ein Depp ist‹, sagt man in Bayern), doch am zweiten Tag wurde ich aufsässig, und wollte mich Giovannis Leitung nicht mehr fügen. So vereinbarten wir im Guten einen Treffpunkt für den Abend und gingen den Tag über getrennte Wege. Das Verpflegungsgeld, das ich Giovanni übergeben hatte, gab er mir am Abend bis auf eine minimale Differenz zurück: mit der Ehrlichkeit nahm er es also so genau wie mit der Kürze des Weges.

Ich weiß nicht, wie stark sich die korsischen Weg-Verhältnisse in den letzten anderthalb Jahrzehnten geändert haben; aber um nochmals Ernst Jünger zu zitieren: »Sol-

che Richtwege sind ebenso wie die verlassenen Gärten für die Insel typisch; ein Netz von Saum- und Maultierpfaden wurde durch den napoleonischen Straßenbau in den Dornröschenschlaf versenkt. Wer einsame Fußwanderungen liebt, findet hier ein weites Revier.«[18]

In der Tat bildete das Innere Korsikas damals eine Idylle, man mußte sich freilich jeweils rechtzeitig mit Proviant eindecken, denn von Früchten abgesehen war unterwegs schwer etwas aufzutreiben. Man begegnete zwar oft größeren Rinderherden, aber da die Kühe den Sommer über nicht gemolken wurden, sah es auch mit Käse und anderen Produkten bei den Hirten nicht sehr üppig aus.

Die Annäherung an eine Herde blieb auch stets eine spannende Angelegenheit: überwiegt das Mißtrauen oder die Neugier? Es konnte einem passieren, daß man regelrecht verjagt wurde. In solchen Augenblicken habe ich Giovanni verwünscht, denn mit seiner Begleitung ist mir das nie passiert. Ja, hätte er mir wenigstens die Eselin überlassen, so wären manche Hirten weniger mißtrauisch gewesen. Und die Begrüßungsgesten, die ich in Sardinien von den Hirten gelernt hatte, galten hier nicht.

Was die Begegnung mit den Menschen betrifft, ist so der erste Tag, an dem ich mich selbständig gemacht hatte, verdrießlich verlaufen. Im Quartier in Zonza klagte ich über diese Erfahrung gegenüber einem aufgeschlossenen Mann um die dreißig, der dort beheimatet war, aber auf dem Kontinent arbeitete. Er war gerade in Urlaub zu Hause, und erbot sich, mich am nächsten Tag zu begleiten, denn mein Lob der Schönheit seiner Heimat hatte ihn sehr berührt.

Am Abend gab es noch eine erregte Diskussion zwischen meinem neuen Freund Antonio und Giovanni, welch letzterer sich weigerte, uns samt Eselin zu begleiten, weil auf jenem Pfad im Vorjahr ein Esel abgestürzt sei. Gegen dieses Argument half keine Zurede, und so mußten wir am nächsten Morgen zu zweit losziehen, um höher in Richtung Monte l'Incudine zu kommen. Wir erreichten gegen Abend unser Ziel, und da wir reichlich Wein mitbrachten – Antonio hatte einen Lederschlauch, der seine 4–5 Liter fassen mochte –, erreichte die Stimmung bald einen hohen Grad. Ich habe sehr bedauert, daß ich gerade dort kein Magnetophongerät dabei hatte doch gelang es wenigstens bei einigen Erzählungen, sie am nächsten Morgen mit Antonios und eines alten Hirten Hilfe zu rekonstruieren und zu notieren. Eine der notierten Erzählungen, eine Feengeschichte, soll hier folgen.

Früher einmal – das ist schon sehr, sehr lange her – stand oben auf dem Incudine ein Palast. Nicht so eine kleine Hütte wie heute sondern ein richtiges Schloß. In diesem Schloß wohnte eine Fee, und diese Fee hatte eine Tochter. Eines Tages kam ein junger Hirt, ein hübscher Kerl, den Berg hinaufgestiegen, und als er das Schloß erblickte, wurde er neugierig, denn er hatte noch nie einen so herrlichen Palast gesehen. Er ging hin, um ihn anzuschauen. Innen aber begegnet ihm plötzlich die Tochter der Fee. Das Mädchen hat Rosalinda geheißen und der Bursche Luigi.

Sagt also Rosalinda: ›Wie kommst du hier herein?‹ – ›Ich bin den Berg hinaufgestiegen‹, sagt Luigi. – ›Ja weißt du denn nicht, daß es verboten ist, dieses Schloß zu betreten?‹ – ›Nein, woher soll ich das wissen?‹ – ›Komm mit mir‹, sagt Rosalinda, ›ich will dich verstecken, denn wenn meine Mutter zurückkommt und dich sieht, wird sie zornig werden, und vielleicht wird sie dich verzaubern.‹

So nahm also Rosalinda den Burschen mit und versteckte ihn in einer kleinen Kammer unter der Treppe.
Am Abend kam die Mutter, die Fee, zurück. Sie kam auf einem Wagen durch die Luft geflogen.
Die Fee sagt: ›Rosalinda, was ist das? Es riecht hier nach Menschen. Ist jemand da gewesen?‹ – ›Nein, Mutter‹, sagt Rosalinda, ›du irrst dich. Ich war im Stall bei den Schafen, daher der Geruch.‹
Am nächsten Tag, nachdem die Fee wieder abgesegelt war, um in der Welt ihren Angelegenheiten nachzugehen, ließ das Mädchen den Luigi wieder aus der Kammer heraus und brachte ihm zu essen und zu trinken, und er hat noch nie in seinem Leben so gut gespeist.
Sie unterhielten sich den ganzen Tag gut, und am Abend sperrte Rosalinda den Burschen wieder in der Kammer ein.
Das ging so eine Zeit lang, bis eines Tages Rosalinda merkte, daß sie schwanger war. Sie fürchtete, daß ihre Mutter etwas merken könnte, und sie wußte, daß sie und ihr Liebster dann sterben müßten.
So sagte sie zu Luigi: ›Ich erwarte ein Kind von dir. Wir müssen fliehen, denn wenn meine Mutter das merkt, so bringt sie uns beide um.‹
Sie packte also verschiedene Sachen in ein Körbchen, und dann sind beide den Berg herunter geflohen. Sie liefen weiter und weiter, bis sie ans Meer kamen, denn auf der Insel hätte die Fee sie leicht entdecken können. Und als sie am Strand ankamen, haben sie einen Fischer gemietet und sind übers Meer gefahren, bis nach Rom. In Rom verkaufte Rosalinda etwas von ihrem Geschmeide, das sie ins Körbchen gesteckt hatte, und dafür konnten sie ein schönes Haus erwerben. Und schließlich gebar Rosalinda einen Sohn.

Luigi aber sagt eines Tages zu seiner Frau: ›Ich sterbe, wenn ich nicht meine Heimat wiedersehe.‹ – ›Ach‹, sagt Rosalinda, ›wenn du nach Korsika zurückkehrst, wirst du mich vergessen.‹ – ›Dich vergessen?‹ sagt Luigi, ›niemals!‹ – ›Nun, so fahre zu deiner Insel!‹

Luigi fuhr also heim, und sobald er bei seinen Eltern und seinen Geschwistern angekommen war, vergaß er seine Frau.

Rosalinda aber ahnte, was passiert war. Sie lebte nun mit ihrem Sohn allein, bis der Bursche vierzehn Jahre alt wurde. Dann sagt sie eines Tages: ›Söhnchen, ich sehne mich so danach, meine Mutter wiederzusehen, aber ich habe Angst, daß sie noch zürnen könnte. Wenn aber du zu ihr hingehst, dann kannst du leicht herausbringen, ob sie noch grollt, oder ob sie mir vergeben hat.› – ›Und wie soll ich das machen, Mutter?‹ fragt der Bursche. – ›Geh zu ihr auf den Incudine und sage: Großmutter, ich bin dein Enkel. – Dann wird sie dich fragen: Und wo ist deine Mutter? – Und dann mußt du sagen: Sie ist gestorben. – Sagt dann die Großmutter: Das geschieht ihr recht! – so weißt du, daß sie noch zornig ist. Dann bleibe noch ein paar Tage und sage, daß du in die Welt hinaus ziehen willst.

Wenn du aber der Großmutter sagst, daß ich gestorben sei, und sie weint, so weißt du, daß sie mir wieder gut ist. Dann bring sie hierher!‹

Der Sohn von Rosalinda machte sich also auf den Weg, er fuhr übers Meer und stieg den Monte Inducine hinauf.

Er klopft ans Tor des Palastes. –

›Wer ist da?‹ fragte die Fee. – ›Euer Enkel. Darf ich hineinkommen?‹ – ›Ja, komm herein!‹

Als die Großmutter den Enkel sah, wurde ihr Herz weich, und wenn sie auch zuerst streng und hart sein wollte, so ist ihr das doch nicht gelungen. Und nach einer Weile fragt

sie: ›Und wie geht es deiner Mutter?‹ – Da erwidert der Bursche: ›Meine Mama ist gestorben.‹
Da hat die Fee bitterlich zu weinen angefangen. Und der Neffe hat gesagt: ›Aber ganz tot ist sie noch nicht. Sie ist nur halbtot, weil sie sich so sehr nach ihrer Mutter sehnt.‹
Da sagt die Fee: ›Schlingel, du hast mich aber scheußlich erschreckt! – Also, gehen wir zu deiner Mutter!‹
Sie packte dann auf magische Weise – wie das geht, weiß ich auch nicht – den ganzen Palast ein und brachte ihn nach Rom. Dort soll er noch heute stehn.
Sie haben glücklich und zufrieden gelebt, und ich wollte, uns ginge es ebenso gut wie ihnen!‹«

*

Wie bei diesem Märchen fällt auch in andern korsischen Texten auf, daß ähnlich wie in Sagen oft recht konkrete Ortsangaben gemacht werden. So taucht der Monte Incudine in verschiedenen Märchen von Ortoli auf, zum Beispiel in dem besonders beliebten *Die sieben Paar Schuhe aus Eisen und die drei Stöcke aus Holz,*[19] aber auch Korsika wird öfters ausdrücklich genannt, und Städte des Festlands – meistens in Italien – werden zitiert.[20]
Desgleichen wollen wir festhalten, daß zahlreiche korsische Märchen auf ein ›happy end‹ verzichten, ohne daß deshalb eine Geschichte tragisch schließen müßte. In der oben wiedergegebenen Erzählung wird der Liebhaber zu einem stumpfen Motiv: das Märchen schließt nicht mit der Vereinigung der Liebenden sondern mit jener von Mutter und Tochter.
Nachdem wir die Gegend südlich des Incudine durchstreift hatten, landeten wir an der Straße, die Bonifacio mit Ajaccio verbindet. In einem Dorf bei Bicchisano hieß es von Giovanni und seiner Eselin Abschied nehmen, und

hier trat der seltene Fall ein, daß ich den Burschen habe lächeln sehen. Auf einem kleinen Jahrmarkt kaufte ich ihm süßes Gebäck aus Honig und Mandeln. Er packte es weg und murmelte, er wolle es Mutter und Schwestern mitbringen. Ich fragte ihn, ob er solche Süßigkeiten nicht möge. Doch, aber ... Da kaufte ich noch eines und sagte, das bekäme er nur, wenn er es auf der Stelle esse. Da versuchte er krampfhaft, ernst und erhaben dreinzuschauen; aber diesmal mißlang es: sein Gesicht ging in die Breite und strahlend biß er in den Kuchen.
Nachdem wir uns aber verabschiedet hatten – eine finanzielle Entschädigung steckte er mit knappem Dank weg –, ging er mit seiner Eselin würdevoll davon ohne sich umzusehen.
Diesmal war es ein motorisierter Händler, der mir angeboten hat, mich nach Granace und Sartena mitzunehmen. Monsieur oder Signor Mattei, wie er je nachdem gerufen wurde, stand schon nahe den Siebzig und war im Zentrum der Insel, in Vizzavona, einem hoch gelegenen Sommerfrischenort geboren. In seiner Jugend, das heißt vor der Jahrhundertwende, war er noch mit einem Korb auf dem Rücken hausierend unterwegs gewesen. Später war er auf Pferd und Wagen umgestiegen, und nun hatte er es zu einem kleinen Lieferauto gebracht.
Hausierer und fliegende Händler ohne festen Wohnsitz sind im gesamten mediterranen Bereich meist gute Erzähler. Ein gutes Mundwerk ist hier Grundvoraussetzung für ein Florieren des Gewerbes. So verfügte auch Mattei über einen breiten Fundus von Geschichten, die er dem jeweiligen Milieu gut anzupassen verstand. Die Mehrzahl bestand freilich aus Anekdoten, Witzen und Schwänken. Er konnte mit gleichem Geschick erotisch leicht gepfefferte Erzählungen servieren wie beschauliche und fromme Le-

genden. Seine Waren reichten von Unterwäsche bis zu Devotionalien, dem entsprach in etwa auch sein Reservoir im Erzählerischen.
Ich habe auch tagsüber versucht, neben seinem Stand Aufnahmen zu machen, um die Reaktion des Publikums zu erfassen; jedoch waren die Nebengeräusche so stark, daß sich die Texte nur fragmentarisch übertragen lassen. Dagegen war es einfach, die Geschichten festzuhalten, die er Abends im Wirtshaus oder in der Bar hören ließ.
Eine dieser eigenwilligen und für ihn typischen Erzählungen, eine Version von *Amor und Psyche* soll hier stehen:

Das war kurz vor dem 1. Weltkrieg. Ich war noch ein junger Bursche, noch nicht verheiratet, versteht sich. Aber hinter den Mädchen her wie der Affe hinter den Bananen. Einmal kommt auf einem Markt in Corte ein besonders hübsches Fräulein vorbei; mir hat es einen Riß gegeben, wie ich sie gesehen habe. Eine ganz tolle Schönheit, sage ich euch! Ich habe ihr ein zartes, türkisfarbenes Seidentuch angeboten – ich erinnere mich noch genau an die Farbe – und habe gesagt: ›Hier Fräulein, mein Fräulein, erlauben Sie, daß ich Ihnen dieses Tüchlein schenke!‹ Sie hat mich freundlich angeschaut, aber gesagt: ›Geschenkt nehme ich von einem Fremden nichts. Aber das Tuch ist schön. Was soll es kosten? Vielleicht kaufe ich es.‹
Ich habe immer noch damit gerechnet, daß sie es doch geschenkt annimmt, und deshalb habe ich – um das Geschenk wertvoller zu machen – einen höheren Preis genannt. Da hat sie gesagt: ›Nun, billig ist das gerade nicht, aber es gefällt mir und ich nehme es.‹ – ›Ja‹, sage ich, ›wenn Sie es nehmen, dann gebe ich Ihnen wenigstens ein Drittel Sconto.‹ Aber das hat sie auch nicht annehmen wollen,

sondern sie hat den vollen Preis bezahlt. Ich habe sie gefragt, ob wir uns nicht Abends treffen könnten, aber sie hat mich abblitzen lassen. Ganz niedergeschlagen bin ich gewesen. Und da hat sie gesagt: ›Gut, ich komme am Nachmittag mit einer Freundin vorbei, denn Ihr habt da wirklich schöne Sachen.‹

Sie ist davon, und ich habe gedacht: die siehst du nie wieder. Das mit der Freundin und dem Wiederkommen war nur ein Schmäh (eine Ausrede), damit sie leichter wegkann. Aber tatsächlich: gegen Abend kommt die Hübsche wieder, diesmal mit einem andern Mädchen, einer verschleierten Frau. Sie haben sich meine Waren angeschaut, wir haben so dies und das gesprochen, aber einladen haben sie sich von mir nicht lassen. Sie haben jedoch gefragt, ob ich mich in Korsika gut auskenne. ›Ja‹, habe ich gesagt, ›ich bin schon auf der ganzen Insel herumgekommen. Bin ja ständig unterwegs. Es gibt kaum ein Nest, in dem ich nicht schon gewesen bin.‹

Da haben sie dann etwas miteinander getuschelt, ich habe es nicht recht verstanden, weil sie spanisch geredet haben. Und dann sagt meine Schöne zu mir: ›Wir hätten gern Euern Rat, denn Ihr macht einen vertrauensvollen Eindruck. Könnt Ihr am Sonntag Nachmittag zu uns ins Hotel kommen?‹

Ihr könnt euch denken, daß ich ›ja‹ gesagt habe, ich wäre, wenn es sein muß, auf den Knien hingerutscht. Sie haben ganz vornehm im besten Hotel gewohnt, und ich habe mich am Sonntag Nachmittag fein gemacht, und bin dorthin gegangen.

Sie haben mir ein Glas Wein angeboten, und ich habe gefragt: ›Erlauben Sie, mein Fräulein, daß ich etwas frage?‹ – ›Ja‹, sagt sie, ›fragen Sie ruhig!‹ – ›Ich habe bemerkt, daß Sie mit der Dame, Ihrer Freundin, spanisch gesprochen haben. Sind Sie Spanierinnen?‹ – ›Nein‹, sagt sie, ›ich nicht; aber was meine Freundin betrifft: sie ist in der Tat eine Spanierin. Aber ich will Ihnen alles erklären. Doch zuerst noch unsere Frage: seid Ihr auf dieser Insel je einem Spanier mit dem Namen Don Aire begegnet oder habt Ihr von einem solchen sprechen gehört?‹ – Ich sage: ›Da muß ich erst nachdenken! In der Tat gibt es in Korsika einige Spanier, sogar einen spanischen Priester, einen gewissen Don Fernandez; der lebt in Bastia.‹ – ›Nein‹, sagt sie, ›keinen Priester. Ich, wir suchen einen Mann von Adel, einen Herrn im Alter von dreißig Jahren.‹

Da sage ich: ›Don Aire? Den Namen habe ich nie gehört. Aber ein junger spanischer Edelmann lebt in Calvi im Hause eines Graden, für den ich schon öfters Besorgungen gemacht habe.‹ – ›Und‹, sagt sie, ›ist dieser Spanier schon lange in Calvi?‹ – Ich sage: ›So genau weiß ich das nicht. Ich meine: so etwa zwei Jahre kann er schon dort sein. Vorher habe ich ihn nie gesehen.‹ – ›Ihr habt ihn selber gesehen?‹ fragt sie, ›Wie sieht er aus? Könnt Ihr ihn beschreiben?‹ – ›Ja‹, sage ich, ›ja, meine Dame, in unserm Gewerbe sind wir gewohnt, uns die Leute genau anzuschauen. Der spanische Gast, von dem ich den Namen nicht weiß, ist ein schlanker, junger Mann, etwas bleich, mit einer Narbe über der rechten Augenbraue.‹ – ›Mein Gott!‹ ruft sie, ›er ist es!‹ – ›Wer?‹ frage ich etwas dumm. – ›Können wir mit Eurer Verschwiegenheit rechnen?‹ sagt sie. – ›Beim Leben meiner Mutter!‹ sage ich, ›ich werde unbedingt schweigen.‹

Nun also beginnt sie die Geschichte ihrer Freundin zu erzählen.

›Meine Freundin Isabella stammt aus einer alten und berühmten spanischen Familie. Sie ist in einer Klosterschule aufgewachsen, bei einer Tante, weil ihre Eltern gestorben sind, als sie noch klein war. Nach der Schulzeit hat sie sich auf ihr Gut auf dem Lande zurückgezogen, aber zu den Festzeiten ist sie immer nach Sevilla gereist, wo sie eine Cousine gehabt hat. Einmal – bei einem großen Fest im Hause ihrer Cousine hat sie die Bekanntschaft mit einem schönen jungen Kavalier gemacht. Man hat ihn Don Aire genannt. Isabella und Don Aire haben aneinander Gefallen gefunden, und der Kavalier hat gefragt, ob er sie einmal besuchen darf. Sie hat zugestimmt.

Ein Jahr später hat Isabella ihrer Cousine gesagt, daß sie sich mit dem Don Aire verloben werde. – ›Was!‹ hat die gesagt, ›kennst du denn die Geschichte seines Geschlechtes nicht?‹ – ›Doch‹, hat Isabella gesagt, ›er hat sie mir selber erzählt. Einer seiner Vorfahren soll von einem indianischen Priester in Mexiko oder irgendwo dort drüben verflucht worden sein, daß er in der Nacht ein Gesicht wie ein Tiger haben muß, während er am Tag ein Gesicht wie ein Mensch haben kann. Jedesmal um Mitternacht verwandelt sich also das Gesicht in das eines Tigers, und so bleibt es bis zur ersten Morgendämmerung. Deshalb muß auch Don Aire Feste stets eine Stunde vor Mitternacht verlassen, um rechtzeitig sich daheim in seiner Kammer einsperren zu können.‹ – ›Und das macht dir nichts aus?‹ hat ihre Cousine sie gefragt. – ›Nein‹, hat sie gesagt, ›ich liebe ihn, und ich bin bereit, den Fluch mit ihm zu tragen. Ich habe ihm nur versprechen müssen, daß ich nachts nie ein Licht anzünde.‹

Nun, um es kurz zu machen: Isabella und Don Aire haben geheiratet, und am Anfang ist alles gut gegangen. Und weil alles so gut gegangen ist, hat Isabella gedacht: Ob das nicht alles eine Übertreibung ist? Vielleicht verändert er sich gar nicht? Oder der Fluch wirkt nicht mehr?

Und eines Nachts hat sie der Versuchung nicht widerste-

hen können, ist aufgestanden, hat sich ins nächste Zimmer durchgetastet, hat dort eine Kerze angezündet, und mit der brennenden Kerze ist sie ins Schlafzimmer zurückgekehrt. Das Licht war nicht sehr stark, und so hat sie zuerst ihren Mann nicht genau erkennen können. Doch wie sie sich vorgebeugt hat, hat sie sehen müssen: es stimmt! Ein Gesicht wie ein Tiger.
Vor lauter Schrecken hat sie gezittert, und da ist ein heißer Wachstopfen aufs Gesicht ihres Gatten gefallen, und der ist davon erwacht.
›Du hast das Gebot übertreten‹, hat er gesagt, ›und nun muß ich dich verlassen, sosehr ich dich auch liebe. Warum hast du unser Glück leichtfertig zerstört?‹
Zu Isabellas Erstaunen ist ihr Gemahl zur Balkontür gegangen, hat den Vorhang zurückgezogen, die Tür geöffnet und ist hinausgegangen. Isabella ist vor Schreck wie gelähmt gewesen. Als sie sich dann wieder bewegen konnte, ist sie auch auf den Balkon hinausgegangen, aber ihr Gemahl war nicht mehr zu sehen. Er war verschwunden, spurlos verschwunden.
Seitdem sucht sie ihn, denn ein alter Priester hat ihr ein Amulett gegeben und gesagt: ›Wenn du ihm das umhängst, dann wird er von dem Fluch befreit und zu dir zurückkehren können.‹
Das Amulett hat meine Freundin nun immer bei sich. Es ist ein Säckchen mit Erde vom heiligen Grab in Jerusalem. Ja, und nun reisen wir durch die Welt und suchen die Spur von Don Aire. Wir haben seinen Namen in einer Schiffsliste gefunden, und danach muß er wirklich vor zwei Jahren nach Korsika gekommen sein. Nun werden wir gleich morgen nach Calvi fahren. Vielleicht finden wir ihn dort.‹
Die beiden Damen haben mir noch ein Geschenk geben wollen, aber ich habe nur um ein persönliches Andenken

gebeten, und da haben sie mir ein kleines goldenes Kettchen überreicht, das habe ich heute noch.
Nun, die Geschichte ist noch nicht aus!
Als der Markt in Corte vorbei gewesen ist, habe ich mit der Eisenbahn nach Ajaccio fahren wollen. Wie ich da am Bahnsteig stehe und der Zug einfährt, winkt mir doch aus einem Abteil 1. Klasse eine Dame zu. Ich packe schnell meinen Korb und stürze hin: waren es doch die beiden Damen! Ich habe zwar nur ein Billet 3. Klasse, steige aber doch ein, und wie der Schaffner kommt, zahlt man für mich die Differenz.
Nun erzählt die Hübsche, daß sie in Calvi den Don Aire nicht mehr gefunden haben; er ist kurz vorher abgereist. Aber sie sind sich ziemlich sicher, ihn einzuholen, weil sie wissen, daß er nach Rom unterwegs ist.
Wie ich dann so etwa ein Vierteljahr später heimgekommen bin, habe ich zu Hause ein Brieflein vorgefunden mit dem Inhalt, daß Isabella ihren Gatten wieder erhalten hat, daß sie ihm das Amulett hat umhängen können, und daß er nun vom Fluch befreit ist.
Sie haben sich nochmals für meine Hilfe bedankt, und ich bin auch froh gewesen, daß die arme Isabella wieder ihren Mann gehabt hat.
So ist das gewesen: das ist schon lange her, Freunde!«

*

Diese eigenartige Geschichte, die das uralte Motiv von *Amor und Psyche* in die Gegenwart trägt, hat zwar sagenhafte Züge, doch schwankt der Erzählton eher zwischen Novelle und Anekdote. Wie breit das *Amor-und-Psyche-*Märchen ausfächern kann, hat der griechische Gelehrte Megas[21] dargelegt. Die Übertragung dieser Mythe ins Moderne ist freilich eine ebenso seltene Erscheinung, wie sie

der Erzähltypus in der Ich-Form darstellt. Freilich wird das »Ich« nicht total durchgeführt, denn der Erzähler ist nicht Zeuge der wunderbaren Ereignisse, aber er ist doch einer, welcher der Heldin des Märchens selbst begegnet sein will. Auch einige Gespenstersagen hat Signor Mattei so erzählt, als habe er sie selbst erlebt. Bei anderen waren ihm zumindest nach seinen Angaben die Augen- oder Ohrenzeugen persönlich begegnet. Dadurch gewinnen alle seine Erzählungen eine starke Unmittelbarkeit, die sich wieder auf den Zuhörerkreis überträgt.
Leider wurde er bei einigen seiner Geschichten im Erzählen unterbrochen, weil man mit ihm etwas Geschäftliches hat besprechen wollen; und eine so abgerissene Geschichte hat er später dann nicht mehr aufgegriffen und fortgesetzt. Signor Mattei war ein Mann mit einer sehr lebhaften Phantasie und mit einer ebenso großen Einfühlungsgabe in sein Gegenüber. Er konnte in gleicher Weise zuhören, wie er selbst zu erzählen verstand. Darin bildete er sozusagen ein Gegenstück zum früher erwähnten Großväterchen, der allein die Szene beherrschen wollte und keine Geduld zum Hören besaß.
Da ich in Granace mit ihm das Zimmer teilte, konnten wir am Abend im Bett noch plaudern, und ich habe sehr bedauert, daß ich mein Tonbandgerät im Erdgeschoß hatte stehen lassen, während unser Zimmer im ersten Stock gelegen war. Zwar habe ich am nächsten Morgen versucht, einige der gehörten Geschichten zu notieren, doch konnten dabei nicht mehr als Inhaltsangaben herausspringen. Nur bei einer der Legendensagen ist es mir gelungen, Mattei nochmals zum Erzählen zu bringen, und das wohl in erster Linie, weil ihn die Geschichte mit seinem von ihm sehr verehrten, längst verstorbenen Vater verbunden hat:

Mein Vater hat mir erzählt: als er noch klein war, ist in seinem Heimatdorf in einem heißen Sommer, da alles schon sehr früh ausgetrocknet und ausgedörrt war, im Wald ein Brand ausgebrochen. Am Abend – es hat bereits gedunkelt – hat sich der Brand immer mehr dem Dorf genähert. Die Leute haben gesehen: der Brand wird auch das Dorf erfassen und die Häuser werden zu brennen anfangen. So haben sie das wenige Vieh, das sie in den Ställen hatten – das meiste war auf der Sommerweide – auf einen freien Platz vor der Kirche, einem Abhang getrieben. Und schließlich haben die unmittelbar neben der Macchia gelegenen Häuser und Ställe zu brennen angefangen. Langsam hat sich das Feuer immer weiter zur Mitte des Dorfes hin durchgefressen.
Da ist der Pfarrer gekommen mit einem Bild unserer Madonna. Der Pfarrer sagte dann zu den Leuten: Betet, betet und alles geht gut vorüber. – Ja, ihr habt leicht reden, sagten die Leute, Kirche und Pfarrei liegen frei am Platz, da springt das Feuer kaum über. – Nein, meine Lieben, sagte der Pfarrer, Gott wird uns auf Bitten seiner Mutter beschützen.
Keiner hat viel auf das Reden des Pfarrers gegeben, aber da hat plötzlich ein Regenguß eingesetzt, die Wassermassen sind vom Himmel gestürzt wie ein Bach. Und in kurzer Zeit war das Feuer erloschen.
Nun, viele Leute haben sich gefreut, denn ihre Häuser und Ställe waren gerettet. Aber andere haben gedacht, jetzt sei es schon gleich, denn alles wäre doch zerstört. So haben sie auch in der Familie meines Vaters gedacht, und weil es schon finster war, sind sie gar nicht zu ihrem Haus zurückgekehrt, sondern haben bei Verwandten im Zentrum des Dorfes übernachtet. Ihr Haus war ja das letzte im Dorf, gleich neben dem Wald.

Wie sie jedoch am nächsten Tag heimgekommen sind, da haben sie vor lauter Staunen die Sprache verloren. Das Haus war zwar etwas verrußt, aber nicht einmal angekohlt, geschweige denn heruntergebrannt.
Mein Vater sagte, es habe wirklich die hl. Jungfrau geholfen, und es sei die Nacht vor ihrem Fest »In Visitatione« (= 2. Juli) gewesen, und deshalb hätte auch der Pfarrer soviel Zuversicht gehabt, daß alles gut ausginge.
Man mag darüber denken wie man will: es ist schon eine seltsame Sache. Und mein Vater war ein sehr ernsthafter Mann. Was er gesagt hat, das ist auch so gewesen.«

*

Als ich in der Nacht wach wurde, sah ich Mattei am Fenster stehen. Auf meine Frage, ob er nicht schlafen könne, meinte er, doch, nur sähe er gern auch einmal nach den Sternen. Er wußte gut über einzelne Sternbilder Bescheid und kannte dazu auch antike Mythen, freilich in abgewandelter Form.
Als ich meine Taschenlampe nahm, um die Treppe hinunter und über den Hof zu einem gewissen Ort zu gehen, fragte er, ob ich bei Nacht schlecht sähe, es sei doch Sternenlicht. Ich meinte, den Weg fände ich durchaus, doch hätte ich mich schon einmal im entsprechenden Häuschen fast auf einen Skorpion gesetzt. Er lachte und sagte, ich möge ihn am nächsten Tag erinnern, er kenne da eine Geschichte von einem Skorpion mit einem menschlichen Gesicht.

Das ist eine ziemlich unwahrscheinliche Geschichte. Wo ich sie gehört habe, weiß ich nicht mehr, und das ist auch nicht so wichtig. Wenn ihr mich fragt: *ich* glaube

die Geschichte nicht. Aber weil sie hübsch ist, will ich sie erzählen.
Da soll einmal eine Frau gewesen sein, die hat geheiratet, aber sie hat keine Kinder bekommen. Die Frau ist zu Ärzten gelaufen, hat Wallfahrten gemacht und alles versucht, was man nur so unternehmen kann. Aber alles hat nichts geholfen.
Irgend jemand hat ihr dann noch gesagt, es gäbe da schon ein Mittel. Doch das wüßte nur eine alte Frau, die da und da wohne und keinen guten Ruf habe.
Nun, die kinderlose Frau hat sich gedacht: Nun ist schon alles gleich! Und ist zu jener Frau mit dem schlechten Ruf gegangen. Die Frau, die Alte, hat sich ganz schön zahlen lassen, und dann hat sie gesagt: ›Du mußt hinaufsteigen in die Berge. Da findest du – sie hat den Ort näher beschrieben – ganz allein auf einer Wiese einen Birnbaum. Zieh dich nackt aus, klettere hinauf und setze dich auf einen Ast, am besten rittlings. Steige aber wieder rechtzeitig herunter bevor es finster wird, und schlafe nicht oben ein! Das hilft.‹
Ein recht gutes Gefühl hat unsere Frau nicht gehabt, aber sie hat gedacht: Hilf, was da hilft! Und hat es so gemacht, wie ihr die alte Hexe, die sonst wohl mehr Erfahrung im Abtreiben als im Kinder-Kriegen gehabt hat, geraten hatte.
Den Platz, wo der Birnbaum gestanden ist, hat sie richtig gefunden, und weil weit und breit kein Mensch zu sehen war, hat sie sich nackt ausgezogen und ist auf den Birnbaum hinaufgeklettert, und oben hat sie sich rittlings auf einen Ast gesetzt. Es ist ein heißer Tag gewesen, die Frau war eine tüchtige Strecke gestiegen, wie der Teufel es will: sie schläft ein. Ihr hat dabei, so hat sie später gesagt, allerhand wunderliches und scheußliches Zeug geträumt. Und

als sie aufgewacht ist, weil ihr der Körperteil, auf dem man sitzt, so wehgetan hat, ist es schon finster gewesen. Sie ist also vom Baum heruntergestiegen, hat sich angezogen, und ... was soll sie jetzt machen? Die Nacht ist sehr dunkel gewesen, und sie hat sich nicht heimzugehen getraut, weil sie Angst gehabt hat, sie fällt in eine Schlucht hinunter und bricht sich den Hals. Es ist ihr nichts anders übrig geblieben, als sich unter den Baum zu setzen, nachdem sie sich einige Birnen gepflückt hat, an den Stamm anzulehnen und sich etwas auszuruhen. Dabei ist sie noch einmal eingeschlafen, und wieder hat ihr vom Teufel geträumt, und von noch schlimmeren Sachen.

Die Frau ist erst wieder wach geworden, als es schon gedämmert hat, und da hat sie zu ihrem Schrecken bemerkt, daß auf ihrem Schoß ein großer Skorpion sitzt. Sie hat ihn vorsichtig von ihrem Kleid heruntergebeutelt, ist aufgestanden und ist mehr laufend als gehend heimgekommen. ›Nie wieder‹, hat sie gesagt, ›nie wieder treibe ich solchen Unsinn!‹

Sie hat dann nach ein paar Wochen gemerkt, daß sie schwanger ist, und hat sich gefreut, daß der Zauber geholfen hatte. Aber dann hat sie nach sechs Monaten – und nicht nach neun! – nach sechs Monaten also hat sie die Wehen bekommen, und sie hat zu ihrem Schrecken einen Skorpion – etwa so groß wie eine Schildkröte – geboren, und dieser Skorpion hatte ein menschliches Gesicht. Die Geburt war sehr schwer, denn der Skorpion hat die Frau beim Ausschlüpfen mit seinem Stachel etwas verletzt, und sie hat sehr geblutet.

Der Mann hat das Skorpion-Kind gleich töten wollen, aber die Frau hat gesagt: ›Nein, warte! Ich muß mich wohl verschaut haben, als ich damals unter dem Baum aufgewacht bin. Wir wollen erst den Pfarrer fragen, und dann wollen wir tun, was er sagt.‹ – ›Ja‹, hat der Mann gesagt, ›aber sprich sonst mit keinem Menschen darüber! Die Leute zünden uns sonst das Haus überm Kopf an!‹ – ›Nein‹, sagt die Frau, ›ich schäme mich viel zu viel! Wo denkst du hin! Ich sage keiner Seele ein Wort.‹

Der Mann geht also zum Pfarrer und der Pfarrer hört sich die Geschichte an und sagt: ›Du willst dir wohl mit mir einen Spaß erlauben? So was gibt es nicht!‹

Nun, sie haben hin- und hergeredet, und endlich setzt der Pfarrer seinen Hut auf und geht mit hin, sich das Kind anzuschauen. Das Skorpion-Kind lag ganz friedlich in einem Korb auf einem Kissen.

›Grauenhaft!‹ hat der Pfarrer gesagt. Und zu der Frau hat er gesagt: ›Du kommst, sobald du laufen kannst, in die Kirche zum Beichten!‹

Fragt der Mann: ›Und was sollen wir mit dem Monstrum machen?‹ – ›Ja‹, sagt der Pfarrer, ›du glaubst doch nicht, daß ich das taufen kann?! Ich weiß auch nicht. Umbringen kann man das Wesen jedoch auch nicht. Überlasse es dem Willen Gottes und trage den Korb hinaus in die Scheune!‹

Man hat es so gemacht.

Die Frau ist dann in die Kirche gegangen, und in der Beichte hat ihr der Pfarrer aufgetragen, eine Wallfahrt zu machen bis nach Rom. Nur so könnte sie diese schwere Sünde abbüßen.

Die Frau ist also ans Meer gegangen, hat mit einem Schiff die Überfahrt nach Italien gemacht, und ist dann weiter zu Fuß bis nach Rom gewandert. Dort hat sie alles getan, was ihr der Pfarrer gesagt hatte, und dann hat sie sich wieder auf den Heimweg gemacht.

Daheim hat sich der Mann so gegrämt, daß er inzwischen gestorben war. Und wie die Frau angekommen ist, war das ganze Dorf aufgebracht. Irgend eine Nachbarin hat näm-

lich das Kind, das ein Monstrum war, in der Scheune gesehen und hat die ganze Sache herumgetratscht.
Wovon das Skorpion-Kind sich ernährt hat, weiß ich auch nicht; auf jeden Fall ist es in den Wochen, welche die Frau auf der Pilgerfahrt gewesen ist, gewachsen und so groß wie ein Hund geworden.
Im Dorf haben sich die Leute zusammengerottet, und sie sind hingegangen, um der Frau das Haus über dem Kopf anzuzünden. Aber wie sie in der Nähe vom Haus gewesen sind, ist das Skorpion-Kind herausgekommen, hat gefaucht wie eine Katze und ist mit dem Stachel auf die Vordersten losgegangen. Die haben sofort die Flucht ergriffen. Wer will sich denn auch von so einem riesigen Biest mit einem Giftstachel stechen lassen?
Wie die Leute weg sind, kommt der Skorpion mit dem Menschengesicht zu seiner Mutter und sagt: ›Mama, gehen wir fort! Die Leute hier sind böse und lassen uns nicht in Frieden. Pack das, was du am nötigsten brauchst, in einen Korb und stell ihn auf meinen Rücken! Dann gehen wir dorthin, wo ich hergekommen bin. Und dort – in den Bergen – will ich dir ein Haus bauen.‹
Die Frau packt das, was sie braucht, Kleider, Geschirr und anderes, in einen Korb und stellt ihn dem Skorpion auf den Rücken, und der ist vor ihr hergelaufen und hat sie in die Gegend geführt, wo der Birnbaum gestanden hat. Und dort hat er ihr in kurzer Zeit eine Hütte gebaut, und damit nicht genug, er hat auch für sie zu essen und zu trinken besorgt. Und das hat er gemacht, bis sie einige Jahre darauf gestorben ist. Und beim Haus, unter dem einzeln stehenden Birnbaum hat er seine Mutteer begraben. Dann hat man von ihm nichts mehr gehört.«
Wie es zu so abstrusen Vorstellungen kommen kann, war mir nicht recht ersinnlich. Später hat mir Mattei jedoch im

Hause seiner Verwandten ein astrologisches Heftchen gezeigt – gedruckt in Toulouse (ohne Jahresangabe, aber wohl um die Jahrhundertwende) – in dem ein Skorpion mit einem menschlichen Gesicht abgebildet war. So manche Abbildung hat phantastische Geschichten nach sich gezogen, und diese Reihenfolge – zuerst das Bild und dann die Erzählung – scheint in diesem Fall wahrscheinlicher als eine gegenteilige Entwicklung.

Freilich ließe sich auch an eine Anregung aus mittelalterlichen phantastischen Reisebüchern denken, wo in fernen Ländern monströse Lebewesen beschrieben werden, die dann später auch in illustrierten Ausgaben solcher Romane auftauchen. Ich denke zum Beispiel an die Alexandria, wo wir in rumänischen Ausgaben[22] auf riesige Krebsungeheuer und Abbildungen von ebenfalls riesigen Ameisen mit menschlichen Gesichtern stoßen. Wie weit da die menschliche Phantasie reicht, hat Claude Lecouteux in seinem informationsreichen Werk gezeigt.[23] Solche Volkserzählungen sind jedoch relativ selten, und als Randphänomene schwer gattungsmäßig einzuordnen.

Häufiger tauchen dagegen in Märchen und Sagen Bäume auf, die Fruchtbarkeit – das heißt Kindersegen – verleihen. Man darf wohl davon ausgehen, daß vor allem der Baum und erst in zweiter Linie die Früchte eines Baumes zu Kindern verholfen haben. Man hält den Baum auch für den Sitz der Seele von Geistern und Menschen, und die eddische Mythe von der Menschenentstehung führt das erste Paar auf Bäume zurück.[24] In einem cubanischen Märchen muß ein kinderloses Ehepaar einen bestimmten Baum nackt umtanzen, seinen Stamm küssen und auf seinen Zweigen schlafen.[25] Im allgemeinen bringen im europäischen Raum vor allem Apfel- und Birnbäume Kindersegen, nicht nur durch ihre Früchte, sondern manchmal auch durch die Blüten.[26] Für Korsika hat Henri Noël vor dem letzten Krieg einen Text notiert, dem er den Titel *Liebe auf dem Orangenbaum* gegeben hat, und den wir hier bringen wollen, weil er noch unveröffentlicht ist. Er bildet eine eigenwillige Variante zu dem bekannteren Motiv »Die Liebe zu den drei Orangen« (oder Zitronen oder Granatäpfeln).

Es war einmal ein Prinz, den hatte sein Vater an den Hof seines Bruders geschickt, damit er dort lerne, was er brauche, um einmal sein Land regieren zu können. Und als die Lehrzeit um war, machte sich der Prinz auf die Heimreise.

Das alles geschah im Sommer, und als der Prinz bei der Hitze einige Zeit geritten war, hatte er großen Durst, doch konnte er nirgendwo Wasser finden.

Da er an einem großen Orangenbaum vorbeikam, der voller Früchte war, dachte er: Hier habe ich ja etwas gegen meinen Durst. Und er stieg ab, band sein Pferd an den Stamm des großen Baumes, und kletterte hinauf. Er setzte sich in eine Astgabel, pflückte eine Orange; aber als er sie öffnete, sprang ein nacktes Mädchen heraus, rustschte am Stamm hinunter und lief davon.

Der Prinz pflückte eine zweite Orange, betrachtete sie, konnte jedoch nichts besonderes daran bemerken, und als er sie öffnete, sprang wiederum ein nacktes Mädchen heraus, rutschte wie das erste den Stamm hinunter und lief davon.

Der Prinz pflückte nun eine dritte Orange, legte sie in seinen Schoß und öffnete sie sehr vorsichtig; und als wieder ein Mädchen heraus kam und davonlaufen wollte, hielt er es fest und ließ es nicht entfliehen. Er umarmte es und küßte es und verliebte sich ganz und gar in die Schöne. Am andern Tag aber sagte er: ›Bleib du noch hier auf dem Baum! So nackt, wie du bist, kann ich dich nicht mit auf's Schloß nehmen. Ich werde aber morgen wiederkommen und dir Kleider bringen. Und dann will ich dich heimführen und heiraten.‹

Er band sein Pferd los und ritt davon.

Solange der Prinz den Orangenbaum sehen konnte, mußte er unentwegt an seine Geliebte denken, aber nachdem der Baum seinen Blicken entschwunden war, vergaß er das Mädchen sehr schnell. So kam er in das Reich seines Vaters heim, und als ihn sein Vater fragte, ob er schon ans Heiraten gedacht habe, entgegnete er, nein, damit habe es noch Zeit.

Da es dem Vater auch nicht eilte, sein Land und die Herrschaft zu übergeben, geschah weiter nichts.

Das Mädchen aber, das auf dem Baum gefangen saß, brachte nach Ablauf ihrer Zeit einen Sohn zur Welt, der bei ihr auf dem Baum aufwuchs.

Sobald der kleine Bursche alt genug war, um das Laufen zu lernen, rief seine Mutter nach einer ihrer Schwestern, die dem Prinzen entkommen waren und nun in der Nähe lebten, und die Tante kümmerte sich um das Kind, machte ihm Kleider, und brachte ihm alles bei, was man wissen muß.

Und als der Bursche sieben Jahre alt war, rief ihn seine Mutter, er lief zum Orangenbaum und sagte: ›Mama!‹ – ›Paß auf‹, sprach da die Frau im Baum, ›wenn du klug alles machst, was ich dir sage, werde auch ich vom Baum herunter können. Ich werde dir eine Orange hinunterwerfen, nimm sie und geh damit aufs Schloß, verbirg aber die Frucht unter deinem Hemd! Wenn der Sohn des Königs dich sieht, wird er Zuneigung zu dir spüren und dich als

Pagen haben wollen. Folge ihm in allem! Und abends, wenn der Prinz zu Bett geht, dann gib ihm die Orange. Das Weitere wird sich dann finden!‹ – ›Ja, Mama‹, sagte der Sohn. Das Mädchen warf ihm eine Orange herunter, die der Bursche unter seinem Hemd versteckte.
Dann machte er sich auf und ging zum Schloß. Er wurde vor den König und seinen Sohn geführt, und als er fragte, ob man einen Diener brauche, sagte der Prinz: ›Ja, ich suche schon lange einen Pagen. Du bist ein hübscher Kerl und sollst bei mir bleiben.‹
Der König schüttelte den Kopf und meinte, der Bursche sei noch viel zu jung, aber der Prinz war ganz verliebt in das Kind und ließ es nicht von seiner Seite.
Und am Abend ließ er in seinem Zimmer ein zweites Bett aufschlagen, in dem der neue Page schlafen sollte. Als sie dort allein waren sagte der Bursche: ›Herr, seht: was für eine schöne Orange!‹ Und er hielt ihm die Frucht hin.
Der Prinz dankte, nahm die Orange und wollte sie öffnen. Aber kaum hatte er sie geöffnet, da kam ein nacktes Mädchen aus der Orange und sprang davon, schneller als der Prinz hätte zugreifen können. Doch nun gingen ihm die Augen auf! Er erinnerte sich an seine Geliebte auf dem Orangenbaum.
Er stand sogleich auf, ließ zwei Pferde satteln, nahm die nötigen Kleider mit und ritt zu seiner Frau. Dort angekommen, hängte er sich die Kleider um den Hals und kletterte den Baum hinauf. Seine Frau mußte sich gleich anziehen, dann setzte er sie aufs Pferd und ritt mit ihr und dem Söhnchen zum Schloß zurück.
Gleich am nächsten Tag wurde die Hochzeit gehalten, und zur Hochzeit kamen auch die Schwestern des Mädchens aus dem Orangenbaum.«

*

Der Märchentypus von der vergessenen Braut ist sehr häufig, und meist ist eine Verwünschung oder das Übertreten eines Tabus die Ursache des Vergessens. Seltener ist die Einfügung des Motivs, daß der Sohn den Vater zur Mutter zurückbringt. In einem aromunischen Märchen stammt die Mutter aus einem Lorbeerbaum, doch verläuft dort die Einleitung ganz anders.[27] Freilich kann auch der Lorbeerbaum Fruchtbarkeit spenden, wobei in einer spanischen Legende sogar die hl. Anna auf solche Weise zur Empfängnis gelangt.

Das Manuskript Noëls enthält als Herkunftsbezeichnung: »In Calvi von einem Hirten aus Asco.« Der Text stammt also aus dem Norden der Insel. Als ich auf Korsika weilte, hatte ich leider die Bekanntschaft von Noël noch nicht gemacht, sonst wäre ich seiner Fassung von der *Liebe im Orangenbaum* mehr nachgegangen.

Doch zurück zu Mattei! Unser Aufenthalt in Granace war nur von kurzer Dauer. Am nächsten Tag ging es weiter nach Sartena, wo Mattei Verwandte hatte, bei denen er einige Tage bleiben wollte. Im Hause eines Neffen fand er Aufnahme und bestand darauf, daß auch ich dort Quartier nähme. Gastlichkeit ist eine herrliche Sache, doch kann sie mitunter auch zu einem goldenen Käfig werden.

So hat es einige Mühe gekostet, dort nicht – wie die guten Menschen es wünschten – acht Tage Ferien zu machen, sondern unter Hinterlassung meines Magnetophons und des »großen« Gepäcks weiter zu wandern. Meine Absicht war, quer durch das Hügelland zum Kap Senetosa zu wandern, um die Südwest-Ecke Korsikas zu erreichen.

Ich habe mich freilich selten so verlaufen wie an jenem Tag, an dem ich stundenlang allein halbverwachsene Pfade gegangen bin, ohne einen Menschen zu Gesicht zu bekommen. In einem verwilderten Garten mit früchtetragenden Feigenbäumen machte ich Mittagsrast, verschlief mehr Zeit als beabsichtigt und traf erst kurz vor dem Einsetzen der Dämmerung einen alten Hirten. Mag nun sein, daß ich ihn falsch verstanden habe – er war zahnlos und seine Sprache eine Folge von unverständlichen Lauten, doch war seine Gestik ausdrucksstark – oder daß ich zu früh von einem Pfad abgewichen bin, auf den er mich verwiesen hatte, jedenfalls sah ich mich bei Einbruch der Dunkelheit völlig allein.

Der Himmel hatte sich wieder bedeckt, so war mit absoluter Finsternis und baldigem Regen zu rechnen. Zwar half die Taschenlampe ein wenig, aber wenn ich sie dauernd brennen ließe, mußte die Batterie bald erschöpft sein.

Als ich dabei war, mich schon nach einem Notasyl für die Nacht umzuschauen, hörte ich das Knarzen von Wagenrädern auf einem kleinen Sträßchen etwas unterhalb. Bald konnte ich auch eine schwankende Lampe sehen. Auf den Anruf hin blieb der Fuhrmann stehen, und ich machte mich auf den mühsamen Abstieg quer durchs Gesträuch. Mit zerkratztem Gesicht und Händen kam ich unten an, froh, eine Menschenseele getroffen zu haben.

Ich erzählte kurz meine Geschichte, und der Mann erbarmte sich meiner. Heute würde ich doch nicht mehr weiter wollen, ich könne mitkommen und bei ihm übernachten.

Es stellte sich heraus, daß ich zuweit nach Südosten geraten war, doch entschädigte für das Nichterreichen des Zieles die menschliche Wärme, mit der ich als ganz Fremder in Nacht und Nebel aufgetaucht aufgenommen und bewirtet wurde.

Am nächsten Morgen war jedoch mein Mut so gesunken und die Müdigkeit so groß, daß ich mich auf die Straße nach Sartena bringen ließ, das ich Mittags wieder erreich-

te. Da mich dort niemand fragte, erzählte ich auch nichts von meinem Mißgeschick. Im übrigen wurde ich bereits mit einer gewissen Nervosität erwartet, denn es war dort ein wandernder Bettelmönch aufgetaucht, der von vielen als Erzähler von Heiligenlegenden geschätzt war.
Dieser schlichte Franziskaner-Bruder war freilich nach unserm Verständnis kein Erzähler sondern ein Nacherzähler. Er erklärte mir auch ausdrücklich: bei diesen Geschichten dürfe man nichts ändern, es käme auf jedes Wort und jeden Satz an.
Ich habe, um ihn und meine Freunde nicht zu enttäuschen einige seiner Legenden auf Tonband aufgenommen, die meisten jedoch später wieder gelöscht. Die Sprache zeigte zwar das volkstümliche korsische Idiom, aber der Stil entsprach doch sehr weitgehend einer gedruckten Vorlage, die ich jedoch nicht identifizieren konnte. Da der Bruder seine Geschichten auch auf Französisch wußte, nehme ich an, daß er sie einer gedruckten französischen Sammlung entnommen hat. Seine Texte enthielten teils Heiligenviten, teils Mirakelerzählungen und nicht das, was wir unter Legendensagen oder volkstümlichen Legenden verstehen, und wie sie damals noch in vielen ländlichen Klöstern – vor allem bei Nonnen – improvisierend bei der Arbeit erzählt worden sind.
War auch diese Begegnung enttäuschend, so sollte doch noch eine große Überraschung in Sartena auf mich warten. Unter der weitläufigen Verwandtschaft von Signor Mattei befand sich auch eine Familie, die gerade – es war die Zeit der herbstlichen Jagd, von der die Männer viel hermachen, auch wenn nicht mehr als einige Wildvögel oder bestenfalls Hasen als Beute erlegt werden – einen jungen Neffen zu Besuch im Hause hatte. Dieser war als Arzt in einer Klinik in Marseille tätig, jedoch aus Bastia gebürtig. Wir

kamen bald in ein gutes Gespräch, denn er war im Begriff, sich für Psychiatrie zu spezialisieren, und ihn interessierten meine Beobachtungen und Studien im Bereich der Ethnopsychologie. Während wir außerhalb des Ortes spazieren gingen, erzählte er mir eine Geschichte, die ich aus mehreren Gründen, von denen noch die Rede sein wird, für so interessant hielt, daß ich ihn gebeten habe, sie mir doch ins Haus zurückgekehrt nochmals auf Magnetophon zu sprechen. Freilich verliert bei einer solchen Wiederholung angesichts des Gerätes gerade ein Akademiker seine Spontaneität, aber bei diesem Sagentext kommt es mehr auf den Inhalt als auf den Stil an. Der Arzt hat mich auch gebeten, seinen Namen zu verschweigen, woran ich mich hier halten muß.

Vor fünf Jahren bin ich nach Abschluß meiner Studien hier in Korsika zu einem Landarzt gegangen, der seine Praxis im Norden der Insel hat. Dieser Kollege hat mir ein Abenteuer erzählt, das ich hier berichte, so gut es mir im Gedächtnis geblieben ist.
Also dieser Arzt ist einmal an einem Abend mit seinem Auto von einem Krankenbesuch heimgefahren. Es ist schon finster gewesen und er hat deshalb die Scheinwerfer eingeschaltet gehabt. Als er nun in einen Hohlweg gekommen ist, ist von der rechten Seite ein Tier, das wie ein Wolfshund aussah, den Abhang heruntergesprungen und wollte vor dem Auto noch über die Straße, doch hat es das Tier nicht mehr ganz geschafft, der Kollege hat es mit der linken Seite des Wagens erwischt, der Hund ist durch die Luft geflogen und im Straßengraben gelandet. Der Kollege ist dann ausgestiegen, um zu schauen, ob das Auto – es ist ein ganz neuer Wagen gewesen – nichts abbekommen hätte. Im Graben hat der Hund geheult, aber der Kollege hat

sich nicht um ihn gekümmert, weil er Sorge hatte, das Tier könne die Tollwut haben. Im allgemeinen laufen ja so große Hunde nicht in der Wildnis allein herum.
Gut, dem Auto war nichts passiert, aber die Stoßstange war blutig. So ist der Kollege wieder eingestiegen und weitergefahren. Er ist dann auch ohne weitere Zwischenfälle heimgekommen.
Er hat zu Abend gegessen und sich gerade hinlegen wollen, da hat das Telephon geklingelt. Der Kollege hat abgenommen und es hat sich ein Mann gemeldet, den er als Patienten seit einigen Jahren gekannt hat. Der Mann hat gesagt, sein Sohn sei schwer verunglückt, er wisse nicht wie, und der Doktor möge um Gottes Willen so schnell als möglich kommen, denn der Bursche blute stark aus einer Wunde an der linken Schulter. Nun, der Kollege hat sich in den Wagen gesetzt und ist gleich in das Dorf gefahren, aus dem er erst vor einer Stunde aufgebrochen war.
Er hat den Burschen untersucht, der das Schlüsselbein gebrochen und auch eine Fraktur am Oberarm erlitten hatte, hat ihn behelfsmäßig verbunden und gleich mit seinem Auto nach Bastia in die Klinik gebracht.
Als er den Vater des Burschen gefragt hat, wie denn das passiert sei, hat der gesagt, er wisse es auch nicht und aus dem Burschen sei kein Wort herauszubringen, er sei ganz außer sich. Ein Nachbar habe ihn zufällig an der Straße da und da gefunden – es war ungefähr die Stelle, wo der Kollege den Hund überfahren hat – und ihn heimgebracht.
Mein Kollege hat sich natürlich gehütet, von seinem Erlebnis etwas zu erzählen, weil er sich gedacht hat, das könne nur zu Scherereien mit der Polizei führen.
Am nächsten Morgen hat er dann seinen Wagen noch einmal genau und bei Tageslicht angeschaut, aber die Blutspritzer waren deutlich zu sehen.

Er hat sich dann auch noch öfter telephonisch beim behandelnden Arzt in der Klinik erkundigt, und der habe ihm gesagt, die Heilung verliefe normal, doch müsse der Bursche einen schweren Schock erlitten haben, denn er sei sehr schreckhaft und bäte abends immer, doch das Licht brennen zu lassen. Man wolle ihn deshalb in eine andere Abteilung verlegen.
Mein Kollege hat dann zunächst nicht mehr an die ganze Geschichte gedacht, aber als er einmal den Vater des Patienten wieder traf, hat er sich nach dem Sohn erkundigt. Da habe er dann erfahren, der Sohn sei zu den Großeltern nach Paris gefahren und dort bei einem Verkehrsunfall umgekommen.«

*

»Nun, und was sagen Sie zu dem Fall?« habe ich den Doktor gefragt, »Sie glauben doch nicht an Lykanthropie?« – »Nein, selbstverständlich glaube ich nicht an echte Werwölfe, aber ich kann die Frage nicht beantworten. Ich habe mit meinem Kollegen ausführlich darüber debattiert. Ich dachte: vielleicht hat der Bursche sich ein Fell übergestreift und Wolf spielen wollen. Aber mein Kollege sagt, nein, ein Mensch könne nicht so laufen; auch sei es einwandfrei ein Hundekopf gewesen und auch das Geheul habe nichts Menschliches gehabt.« – »Und wann soll das passiert sein?« habe ich gefragt. – »Das muß so ungefähr 1935 oder 1936 gewesen sein.« – »Und haben Sie gar keine Deutung für das Vorkommnis?« – »Ja, theoretisch ließe sich verschiedenes vermuten«, meinte er vorsichtig, »zunächst könnte der Kollege das Ganze erfunden haben; aber wozu? Er war kein Mann von viel Phantasie und viel Worten. Und sollte er den Burschen wirklich angefahren haben, so wäre er bestimmt, wenn er ihn als Menschen er-

kannt hätte, nicht davongefahren; er ist ein sehr verläßlicher und pflichtbewußter Kollege. Bliebe die Möglichkeit einer Sinnestäuschung infolge überreizter Nerven: wenig wahrscheinlich bei meinem Kollegen. Und endlich kann er ja einen Hund überfahren haben, der mit dem jungen Burschen überhaupt nichts zu tun gehabt hat. Dann wären also zwei Unfälle etwa an der gleichen Stelle kurz hintereinander passiert und der zweite Fahrer hätte Fahrerflucht begangen. Aber damals waren Autos recht rar. Außer dem Kollegen hat dort in der Gegend vielleicht keiner mehr ein Auto besessen.« – »Und hat denn der Vater des Burschen keine Anzeige bei der Polizei erstattet?« habe ich gefragt. – »Nein. Der Vater dachte, der Bursche sei irgendwo heruntergestürzt. Er war als Herumtreiber bekannt.«
Soweit also diese Geschichte, die mir wie eine Wandersage erscheint, zu der es aus neuerer Zeit verschiedene Belege gibt. Das Merkwürdige ist jedoch, daß diese Begegnungen mit Werwölfen oder anderen Menschen in Tiergestalt mit Vorliebe Ärzten zu passieren scheinen, und daß dabei stets ein Auto mitspielt. So wurde mir die Geschichte von einem Berufskraftfahrer aus Perpignan erzählt, die hier zum Vergleich stehen soll:

Meinem Bruder ist einmal vor dem Krieg eine seltsame Geschichte passiert. An einem nebligen Herbstabend fuhr er nach Hause – er wohnte damals in Vinca und arbeitete in Perpignan – da sprang ihm ein Hund vor das Auto, es knallte, und das Tier flog in den Straßengraben. Mein Bruder stieg aus, um nachzuschauen. Die Stoßstange war etwas verbogen, Blut klebte daran und Haare, wie von einem Wolfshund. Mein Bruder schaute nach dem Tier, sah es jedoch in Nebel und Dunkelheit nicht. Da stieg er wieder in seinen Wagen und fuhr heim. Er hatte kaum sein Nachtmahl zu sich genommen, da kam zu ihm der Arzt und sagte: ›Prosper, Sie müssen mich schnell fahren: es ist ein Unfall passiert.‹ – ›Ja, was ist denn geschehen?‹ sagte mein Bruder. – ›Man hat mich antelephoniert‹, sagte der Doktor, ›denn der Sohn eines meiner Klienten ist überfahren worden.‹

Da ging mein Bruder, machte sein Auto fertig und ist mit dem Doktor die Strecke zurückgefahren, und dort, genau dort, wo er den Hund angefahren hatte, da lag ein Junge – so etwa 15 oder 16 Jahre alt – und der blutete nicht schlecht aus einer Wunde an der Schulter. Mein Bruder erschrak sehr, aber er sagte nichts. Er half dem Doktor den Jungen verbinden. Sein Vater hatte ihn schreien hören und verletzt aufgefunden.

Als mein Bruder wieder daheim war, hat er sich noch einmal die Stoßstange angesehen. Aber da gibt es nichts: es waren Hundehaare daran. Der Bursche muß ein Werwolf gewesen sein. Ich hätte das alles nicht geglaubt, wenn mir mein Bruder nicht das alles ganz genauso erzählt hätte.‹[28]

*

Ist nun dieser zweite Werwolfs-Geschichten-Erzähler (wie sein Bruder) ein Kraftfahrer, so wird uns ganz ähnlich der »Fall« nochmals von einem Mediziner erzählt, der von Lise Deharme eingeleitet wird mit: »Ich habe einen braven Arzt gekannt, der sehr positivistisch dachte, keinerlei Phantasie oder Dichtergabe besaß und doch die folgende Geschichte erzählte: . . .«[29]

Nun, Frau Deharme und Herr Joutan könnten auch den »Arzt« erfunden haben, der korsische Beleg läßt jedoch einen Arzt für einen Arzt Zeugnis geben.

Für meinen ärztlichen Gewährsmann waren derlei Geschichten vor allem von der psychologischen Seite her interessant. Er hatte sich mit Hypnose und Autohypnose beschäftigt und wollte auch noch den Komplex der von Rauschgiften ausgelösten Sinnestäuschungen studieren. Ich erzählte ihm von den Selbstversuchen, die man in Deutschland mit Hexensalben und Psychopharmaka gemacht habe, und es sollte sich daraus eine längere Unterhaltung über Hexen und Magier entwickeln.

Die komplizierten und vielschichtigen Fragen lassen sich aber sicher nicht einfach unter psychopathischen Aspekten analysieren, sondern es müssen ebenso paranormale Phänomene berücksichtigt werden. Uns braucht das hier nicht weiter zu beschäftigen; wichtig ist lediglich, daß im Volksglauben vieler mediterraner Landschaften Magier und Hexen noch Wirklichkeiten bedeuten, daß magische Riten vollzogen werden, und daß Kreise existieren, in denen ein magisches Weltbild dominiert. Julio Caro Baroja, einer der namhaften spanischen Volkskundler, läßt in seinem Buch über die Hexen einen in Madrid praktizierenden Chirurgen berichten: »Vor ungefähr drei oder vier Jahren fuhr ich eines Nachts mit dem Auto von Deba auf der Küstenstraße nach Bilbao. Als ich zwischen Lequeitio und Ispaster war, schon sehr nahe dem letzteren, sah ich mitten auf der Straße eine schwarze, undeutliche Gestalt, die unbeweglich blieb, obgleich ich durch lautes Hupen ihre Aufmerksamkeit erregen wollte, damit sie wegginge. Als ich nur noch einige Schritte entfernt war, bemerkte ich, daß es sich um eine Frau handelte. Ein wenig schlecht gelaunt wegen ihrer mangelnden Aufmerksamkeit, hielt ich den Wagen an und fragte sie auf baskisch: ›Warum geben Sie nicht acht, wenn man hupt?‹ Die Frau blieb einen Augenblick unentschlossen, und dann sagte sie lachend: ›Sehen Sie nicht, daß ich beim Aquelare bin?‹ Kaum hatte

sie das gesagt, da vernahm ich die Stimmen von andern Personen, die auf einer Wiese in der Nähe waren, und die Frau eilte dorthin. Ich setzte meine Fahrt fort, ohne weiter an das Ereignis zu denken.«[30]
(»Aquelare« bedeutet eigentlich Ziegenweide und ist der baskische Ausdruck für den Hexensabbat.)
Es überrascht somit nicht, daß auch auf Korsika noch zahlreiche Geschichten umlaufen, und daß besonders noch viel an Liebeszauber geglaubt wurde, als ich die Insel besuchte. Inzwischen scheint sich manches geändert zu haben. Aber wer sieht schon unter die Oberfläche?
Für mich war es auf jeden Fall von Gewinn, mit einem gebildeten Mann sprechen zu können, der Interesse und Verständnis für meine Disziplin hatte und nicht alles für die Marotte eines versponnenen Gelehrten hielt. Mir ist es sonst oft im Süden passiert, daß man mich mitleidig und lächelnd als einen Menschen betrachtet hat, der Grillen nachjagt.
Der junge Arzt, der überall, wo er bekannt war, hoch im Kurs bei den Leuten stand, hat mich auch von Sartena aus zu einer alten Frau gefahren, die nicht nur selbst eine gute Kennerin von Heilkräutern und volksmedizinischen Heilverfahren war und auch die Anerkennung dieses jungen Arztes genoß, sondern die auch über ein beachtliches Repertoire von Erzählungen verfügte. Maria Andreini wußte nicht nur Geschichten von Hexen und Verhexungen, ebenso verstand sie es, Märchen zu erzählen, und so wollen wir sie auch im Folgenden zu Wort kommen lassen. Es ist klar, daß unser Einstieg ins Erzählen mit sagenhaften Texten begann, nachdem wir so lange und so intensiv von Hexen gesprochen hatten:

Wo das Ganze passiert ist, weiß ich nicht mehr, denn ich habe die Sache nicht selber erlebt, sondern mein Vater hat sie erzählt, und der ist schon über zwanzig Jahre tot. Es war da in einem Städtchen eine Frau, die im Rufe stand, eine Hexe zu sein, und die von allen Leuten gefürchtet wurde. Die Frau hatte eine Tochter, welche schielte, ja auch den bösen Blick hatte. Und obwohl die Frau reich war, weil sie bei ihren Zaubergeschäften gut verdiente, und weil ihr viele Leute Geld gegeben haben, um von ihren Hexereien nicht betroffen zu werden, konnte ihre Tochter keinen Liebhaber finden.

Nun war da in der Nachbarschaft ein hübscher Bursche, und die Tochter der Hexe hat sich in ihn verliebt. Aber der Bursche war selbst bereits in ein Mädchen verliebt und zeigte kein Interesse für die Tochter der Hexe.

Nun hat eines Tages die Alte dem jungen Burschen aufgelauert, und hat zu ihm gesagt: ›Bilde dir ja nicht ein, daß du jemals eine andere als meine Tochter heiraten wirst! Ich habe einen Fluch über dich gesprochen: jede Frau, die du küssen wirst – deine Verwandten und meine Tochter ausgenommen – muß sterben!‹

Der Bursche hat das zunächst nicht ernst genommen. Er hat sich nichts gedacht und hat seine Geliebte wie bisher geküßt. Aber als er sie am nächsten Tag hat wieder treffen wollen, hat er gehört, daß sie krank ist und mit hohem Fieber im Bett liegt. Und ein paar Tage später starb sie. Der Bursche hat erst gedacht, es sei eben die Malaria, und alles sei ein unglücklicher Zufall. Und nach einiger Zeit hat er sich mit einem andern Mädchen zusammen getan, alles in der besten Absicht, versteht sich! Er wollte ja auch einmal heiraten.

Aber auch mit seiner zweiten Geliebten ist es ihm ergangen wie mit der ersten. Der erste Kuß, der Verlobungskuß, sollte auch der letzte sein. Als er wieder ins Haus des Mädchens kam, hörte er, sie liege mit Fieber im Bett. Und zwei Tage später war sie tot.

Nun ist es ihm doch recht unheimlich geworden, und auch im Städtchen hat man zu munkeln angefangen; aber niemand hat sich getraut, etwas laut zu sagen oder gar die Hexe anzuzeigen. Man hat auch gewußt, daß darüber jeder Richter nur lacht.

Der Bursche wußte sich nicht mehr zu helfen, und ist zu einem Onkel gegangen, der in einem Kloster lebte. Er hat dem Onkel seinen Fall erzählt und ganz genau wiederholt, was die Hexe zu ihm gesagt hatte.

Der Onkel war ein kluger Mann; er sagt: ›Paß auf! Es kommt auf jedes Wort an! Kannst du mir ganz genau wiederholen, was die Hexe zu dir gesagt hat?‹ – ›Ja‹, sagt sein Neffe, ›das kann ich, denn das alles ist mir unvergeßlich eingegraben.‹ – ›Gut‹, sagt der Onkel, ›so sprich!‹ – ›Sie hat gesagt: Bilde dir ja nicht ein, daß du jemals eine andere als meine Tochter heiraten wirst! Ich habe einen Fluch über dich gesprochen: jede Frau, die du küssen wirst – deine Verwandten und meine Tochter ausgenommen – muß sterben!‹ – ›Ist das alles?‹ hat der Onkel gefragt. – ›Ja‹, sagte er, ›das ist alles.‹

Der Mönch hat etwas nachgedacht, dann sagt er: ›Paß auf! Es gibt drei Lösungen: erstens kannst du die Hexentochter heiraten; zweitens kannst du eine deiner Cousinen heiraten, (du müßtest dir halt die nötigen Dispensen verschaffen); drittens könntest du die Hexe küssen, dann müßte sie selbst krepieren.‹

Der Bursche hat alles überdacht und mit seinem Onkel lang gesprochen. Und beide sind zu der Ansicht gekommen: es nützt alles nichts, er muß halt die Alte küssen. Hilft das nichts, so gibt es immer noch andere Möglichkei-

ten, ja er kann auch noch auswandern. Aber die Hexentochter heiraten will er nicht, und eine der Cousinen: das erlauben die Eltern nicht.
Und so hat er es dann gemacht. Er hat eines Abends der Alten aufgelauert, hat sie im Finstern umarmt und mitten auf den Mund geküßt. Es war gar nicht so schlimm, wie er es sich vorgestellt hat, weil er sie nur undeutlich erkannt hat.
Die Alte hat laut aufgeschrien und ist nach Hause gerannt. Am nächsten Tag ist auch sie mit Fieber im Bett gelegen, und zwei Tage später war sie tot.
Damit aber war der Fluch erloschen, und der Bursche hat etwa ein Jahr später ein braves Mädchen heiraten können, und nichts ist dabei seiner jungen Frau passiert.«

*

Diese Sage ist insofern eigenartig, als in den mir bekannten Parallelen dazu es stets ein Mädchen ist, das von der Hexe verflucht wird, und ein Sohn der Hexe eine Rolle spielt.[31] Meist kommt der Sohn der Hexe durch den Kuß um und die Hexe begeht Selbstmord. In der katalanischen Erzählung *El petó de la bruixa*[32] küßt das Mädchen die Hexe selbst.
In unseren weiteren Gesprächen war dann viel von Gift und Vergiftungen die Rede. Damit war freilich der magische Bereich verlassen und jener der Kriminalgeschichte betreten. Doch mag es zweifellos manche Fälle geben, wo mit südlicher Eifersucht tödliche Verbrechen begangen werden, es jedoch im Dunkeln bleibt, wie und wo Gift eine Rolle gespielt hat, so daß die Phantasie leicht einen breiten Spielraum findet, um Erklärungen in der Anwendung von schwarzer Magie zu suchen und zu (er)-finden. »Mezzina« kann nicht nur in unserm Sinne Medizin =

Arzneimittel bedeuten, es hat im Westmediterranen häufig auch die Bedeutung von Zauberei. Und dieser Zauber kann sowohl nur als Fluch oder Segen in Worten oder als Amulett, Pulver, Trank aus etwas Gegenständlichem bestehen.

Doch zurück zu unserer Donna Maria! Sie war unterm Erzählen bereits unruhig geworden, dann sie wollte dem Doktor irgendwelche Heilkräuter in ihrem Garten zeigen. Wir mußten sie aber zunächst im Zimmer halten, wo ja das Tonbandgerät lief und uns sonst ein Teil der Hexengeschichte gefehlt hätte. Gleich nach der vorigen Sage sind wir also in den Garten hinaus, und haben dann von dort aus einen kleinen Spaziergang gemacht, wobei Maria pausenlos weitere Geschichten von geheimnisvollen Vorgängen und von magischen Kräften zum besten gegeben hat. Sie konnte ihre Erzählung mitten im Satz unterbrechen, um uns etwas zu zeigen, auf etwas hinzuweisen oder gar eine Frage zu stellen, doch setzte sie dann grammatikalisch einwandfrei den unterbrochenen Satz wieder fort. Vom Inhalt ihrer Geschichten konnte ich mir nur aus dem Gedächtnis Notizen machen, als wir nach etwas mehr als einer halben Stunde wieder in ihr Haus gekommen waren. Wir wurden dann von ihr zum Abendessen eingeladen, und der Doktor sagte, er müsse nur vorher noch etwas erledigen und uns auch bei seinen Verwandten für den Abend entschuldigen.

Donna Maria machte sich dann an die Vorbereitung des Nachtmahls und bat mich, mit in die Küche zu kommen. Ich tat das, nachdem ich auch mein Gerät mitgenommen hatte, und auf eine Frage, ob sie nicht auch Geschichten von Hexen mehr märchenhafter Art kenne, dachte sie nicht lange nach, sondern fing gleich zu erzählen an. Sie ließ den Faden ablaufen, ohne sich durch die einzelnen

Handgriffe beim Kochen stören zu lassen. So gibt es zu diesem Märchen eine Geräuschkulisse durch das schabende und hackende Messer, durch das Anblasen des Feuers im Herd (mit den entsprechenden Flüchen, weil es nicht gleich nach Wunsch gebrannt hat), man hört das in der Pfanne bruzzelnde Fett ebenso wie das Aufgießen mit Wasser. Alle diese Geräusche haben allerdings mit dem Inhalt des Märchens nichts zu tun, und dennoch entsteht beim Ablaufen des Bandes spontan eine Atmosphäre, die bei der Niederschrift nicht zu Papier zu bringen ist. Das Märchen lebt ganz anders und erhält eine rustikale Dimension, zu der in der Erinnerung noch der Küchendunst, der Duft frischer Kräuter und der Geruch des Holzfeuers kommen.

Nun überlassen wir jedoch Maria das Wort:

Ein Königspaar – Mann und Frau – hatte jahrelang auf Kinder gewartet, jedoch keine bekommen. Eines Abends im Winter, als sie gerade am Kamin saßen und sich am Feuer wärmten, denn es waren sehr kalte Tage, hörten sie eine Stimme aus dem Kamin ertönen, und diese Stimme sagte: ›Nun, was wollt ihr denn: einen Sohn, der mit siebzehn Jahren stirbt, oder eine Tochter, die mit siebzehn Jahren geraubt wird?‹

Da haben sie sich besonnen und unter einander gesprochen: eigentlich wäre ihnen ein Sohn lieber gewesen, aber was nützt es, wenn er stirbt? Einen Raub kann man leichter verhindern als den Tod. Und Geraubtes kann man vielleicht auch wieder zurückerhalten.

Und so sagten sie schließlich: ›Dann schon lieber eine Tochter, die geraubt wird! Hol 's der Teufel!‹

Nun gut, nicht lange danach merkte die Königin, daß sie

schwanger war, und wie ihre Zeit um war, gebar sie ein wunderschönes Töchterchen.
Die Eltern waren beide froh und glücklich, und der König ließ auf einem Grundstück eine große Mauer errichten, und innerhalb der Mauer wurde ein schöner Garten angelegt, und mitten im Garten ein kleines Häuslein gebaut. Dann sagte der König: ›Den möchte ich sehen, der diese Mauer übersteigt und meine Tochter raubt!‹
Das Mädchen aber hieß Dusolina und wuchs nun zusammen mit ihrer Amme, mit einer Gouvernante und einer Dienerin im Häuschen und im Garten auf. Der König, ihr Vater, und die Königin, ihre Mutter aber betrachteten von einem Turm herunter, den man in die Mauer eingefügt hatte, ihr Töchterchen mit Wohlgefallen und erfreuten sich an ihr.
Aber eines Tages – es muß so um Dusolinas siebzehnten Geburtstag herum gewesen sein – kam vom Himmel ein großer, großer Drachen geflogen, ließ sich in den Garten hinuntergleiten, packte Dusolina und flog mit ihr wieder davon. Der König und die Königin haben geschrien, geschrien, aber sie konnten nichts machen. Und auch die Wache konnte nicht schießen, weil sie Angst gehabt haben, die Königstochter zu treffen.
Der Drachen aber flog über Gebirge und Meer, weit, weit weg in ein anderes Königreich. Und dort ließ er sich auf dem Dach eines hohen Hauses nieder und verwandelte sich in eine Hexe.
Das Haus war ein seltsames Gebäude, denn es hatte keine Treppen. Die Hexe konnte ja von einem Stockwerk zum andern fliegen. Ganz unten – im Erdgeschoß – haben ihre Diener, Köche und Gärtner gewohnt,; im ersten Stock hatte sie ihren Salon, im zweiten Stock ihr Schlafzimmer und im dritten Stock wurde nun die Dusolina unterge-

bracht. Und die arme Dusolina konnte nicht fliegen und so auch nicht fliehen.
Das Mädchen fügte sich allmählich in ihr Schicksal, sie hat sich die Zeit mit Sticken vertrieben, und die Hexe war mit ihren Stickereien auch recht zufrieden und behandelte sie soweit recht anständig, nur eben aus dem Haus durfte sie nicht heraus.
Beim Sticken aber saß Dusolina meistens am offenen Fenster und sang vor sich hin:

›O käm' doch mein Liebster
Und holte mich ab,
Sonst wird dieses Haus
Mir gar noch zum Grab.
O käm' doch mein Mann
Und holt' mich heraus!
Sonst sterb ich gefangen:
Mein Leben ist aus.‹

Als sie eines Tages so sang, hörte nicht weit weg im Wald ein Königssohn, der mit seinem Diener auf der Jagd war, ihre Stimme. Der Prinz ritt der Stimme nach, und so kam er zu dem hohen Haus, in dem Dusolina eingesperrt war. Als der Königssohn das Mädchen erblickte, das da am Fenster saß und sang und stickte, ging sein Herz in Flammen auf. Und er rief hinauf: ›He, du Schöne dort oben! Schau herunter!‹ Da beugte sich Dusolina aus dem Fenster, und sah den jungen Mann unten stehn mit seinem Diener. Und der Königssohn war ein prächtiger Bursche! Solche gibts heute gar nicht mehr! Kein Wunder, daß auch Dusolina an ihm Gefallen fand.
Sie unterhielten sich einige Zeit, und der Königssohn sagte: ›Komm doch ein wenig herunter in den Garten, damit

wir nicht so laut schreien müssen.‹ – ›Ach, ich kann nicht‹, sagte Dusolina. – ›Warum kannst du nicht?‹ – ›Weil das Haus keine Treppen hat.‹ – ›Ja gibts sowas überhaupt?‹ – ›Freilich, freilich.‹ – ›Ja, wie bist du dann überhaupt dort oben hinaufgekommen?‹ sagte der Prinz.
So erzählte ihm dann Dusolina ihre Geschichte, und der Königssohn dachte nach und sagte: ›Hab nur Geduld! Ich werde morgen mit meinem Diener wiederkommen, und ich werde eine Leiter mitbringen. Dann werde ich dich herausholen und mit mir in meinen Palast nehmen, und dort wollen wir heiraten.‹ Und dann ging er weg.
Aber die Hexe hatte alles mitgehört und sich gedacht: ›So leicht soll das dir nicht fallen. Da hast du die Rechnung ohne den Wirt gemacht!‹
Nach einigen Tagen kam wirklich der Prinz mit seinem Diener, und zwischen sich haben sie eine lange, lange Leiter getragen. Es war etwas mühsam, die Leiter oben am Haus anzulehnen, aber irgendwie brachten sie das fertig. Dann stieg der Prinz die Leiter hinauf, aber wie er in der Höhe des zweiten Stockwerkes war, beugte sich die Hexe heraus – ergriff die Leiter und warf sie samt dem Königssohn um. Der arme Bursche hat sich den Hals gebrochen, und der Diener konnte nichts anders tun, als seinen toten Herrn aufs Pferd legen und heimtragen.
Nun, das war ein großes Trauern und Klagen, als der Diener mit dem toten Prinzen heimgekommen ist! Aber den König, den Vater des Toten, erfaßte ein großer Zorn, und er sandte sein ganzes Heer aus, die Hexe und ihre Brut zu fangen. Die Soldaten ritten mit Kavallerie und Artillerie los. Die Hexe sah sie schon von weitem und wollte fliehen. Sie verwandelte sich in einen Drachen und wollte davonfliegen. Aber ein geschickter Kanonier hat sie mit einer Kugel heruntergeschossen und sie ist elend krepiert.

Dann erstürmten die Soldaten das Haus, nahmen die Diener der Hexe gefangen und stiegen endlich auch mit Leitern zu Dusolina hinauf und schleppten sie ins Gefängnis. Der König aber ließ das Gericht zusammenrufen, um das Gesinde der Hexe und die Tochter der Hexe zu verurteilen.

Dusolina sagte zwar: ›Ich bin ja selbst eine Gefangene der Hexe gewesen. Die Diener können es bezeugen.‹ – Aber der König erwiderte: ›Gut, magst du auch keine Tochter der Hexe sein, so bist du doch schuld am Tode meines Sohnes, und deshalb hast du dein Leben verwirkt.‹ – ›Nun‹, sagte Dusolina, ›wenn ich denn so sterben soll, so schenkt mir noch eine letzte Nacht und laßt sie mich an der Bahre eures Sohnes verbringen!‹

Es ist so üblich, daß man den zum Tode Verurteilten einen Wunsch freigibt. Und so mußte der König das Begehren Dusolinas erfüllen.

Man führte also Dusolina in die Schloßkapelle, wo der tote Prinz aufgebahrt war. Die Türe aber wurde verschlossen, und eine Wache davor aufgestellt, damit Dusolina nicht entfliehen könne.

In einer Nische der Kapelle aber hatte ein Finkenpärchen sein Nest gebaut, und in dem Nest saßen die Jungen. Und als Dusolina zu dem Nest hinaufschaute, sah sie, daß ein Vögelchen herunterfiel und sich den Hals brach. Die Eltern besahen zuerst ihr Junges, und dann flogen sie beide davon, kamen aber nach einigen Minuten wieder, und beide Finken trugen ein Kraut im Schnabel. Und das Kraut steckten sie ihrem Jungen in den Schnabel, und da wurde das sofort wieder gesund, konnte jedoch nicht ins Nest hinauf. Da ging Dusolina hin, hob das Junge auf, stieg zur Nische hinauf, und setzte das Junge wieder ins Nest. Da zwitscherten die Eltern, und flogen nochmals davon. Und

wieder kamen sie nach kurzer Zeit zurück, flogen jedoch mit dem Kraut im Schnabel zu dem toten Königssohn, und steckten ihm das Kraut in den Mund.
Da schlug der Königssohn gleich die Augen auf und sagte: ›Ach, was habe ich lang geschlafen!‹
Dann ließ er sich von Dusolina alles erzählen, was passiert war, und so verging darüber die Nacht. Als am Morgen der König kam, um seinen Sohn zu bestatten, sah er zu seiner Überraschung, daß dieser lebte und Dusolina in den Armen hielt.
Nun war es der König selber, der sagte: ›Sohn, wenn dich dieses Mädchen wieder lebendig gemacht hat, so schuldest du ihr auch, daß du sie heiratest.‹ – ›Ja, Vater‹, sagte der Bursche, ›das war es, worum ich dich bitten wollte! Weißt du: sie ist nämlich die Tochter eines Königs und von dieser Hexe geraubt worden, die unsere Soldaten erschossen haben!‹
Der König: ›Ich Esel! Warum habe ich diesem Mädchen nicht gleich geglaubt? Aber ich war so betroffen durch deinen Tod und so zornig, daß ich den Verstand verloren habe. Aber jetzt will ich alles wieder gutmachen!‹
Und der König sandte aus, um die Eltern Dusolinas zu verständigen und zur Hochzeit einzuladen. Und diese waren überglücklich, als sie die Nachricht erhielten. Sie kamen, man feierte drei Wochen lang große Feste – und damit ist's aus.
Nun will ich aber noch etwas sagen: Ihr werdet fragen, ob man eine Hexe erschießen kann? Ich sage das jetzt nicht, weil das für das Märchen, das ich erzählt habe, eine wichtige Frage wäre, sondern weil auch hier die Leute oft darüber reden, wie man einem Dämon beikommen kann.
Das ist eine Streitfrage. Manche meinen, es gäbe geweihte Kugeln, mit denen könne man auch Dämonen umbringen.

Andere meinen, Dämonen seien überhaupt nicht umzubringen. Und endlich meinen wieder andere, man könne Dämonen zwar nicht töten, aber aus dieser Welt hinausdrängen. – Ich denke nur: wir wissen viel zu wenig darüber, was möglich ist, und was nicht.«

*

Soweit der Text Marias. Wir haben dann noch einige Zeit über Drachen gesprochen, und die Erzählerin meinte, das seien eigentlich andere Wesen gewesen, und die gäbe es nicht mehr; sie könne sich zwar vorstellen, daß sich eine Hexe in eine Katze verwandle, jedoch nicht in einen Drachen.[33] Vermutlich waren der Drache und die Hexe ursprünglich verschiedene und getrennte Gestalten im Sinnzusammenhang dieses Textkomplexes, die dann zu einer Gestalt zusammengeflossen sind.

Als nun der Arzt wieder zurückkam und wir uns zum Essen setzten, wechselte das Thema unseres Gespräches, und weder von Sagen noch von Märchen war an diesem Abend mehr die Rede.

Nun hatte ich eigentlich beabsichtigt, mit dem Autobus nach Ajaccio und von dort quer durch die Insel mit der Eisenbahn nach Bastia zu reisen, von wo ich dann mit dem Schiff nach Livorno übersetzen wollte. Aber alle neuen Freunde meinten, es sei reizvoller, von Bonifacio mit dem Dampferchen die Ostküste entlang nach Bastia zu fahren. Ich hätte die Reise zu Lande vorgezogen, auch um noch mehr vom Innern Korsikas zu sehen, aber komme einer gegen den Willen seiner Gastgeber an! Im Nu hatte man in Bonifacio angerufen, um sich wegen der Schiffahrt zu erkundigen, und mir wurde so herzlich angeboten, mich per Auto nach dorthin zu bringen, daß ich es unmöglich abschlagen konnte.

So zerrannen meine eigenen Pläne und ich fügte mich demokratisch der Mehrheit. Signor Mattei bedauerte sehr, mich der Geschäfte halber nicht begleiten zu können und war überhaupt seinen Verwandten fast böse, daß sie mich okkupiert hatten. Der Arzt, einer seiner Freunde und ein älterer »Zio«, dessen Verwandtschaft zur Gastfamilie mir nicht ganz klar war, wollten und sollten mir das Geleit geben.

Es gab am Abend noch ein längeres Getuschel unter den Dreien, aber da mich gerade eine Welle von Müdigkeit überlief, achtete ich nicht darauf, sondern wunderte mich lediglich, daß am nächsten Morgen so zeitig aufgebrochen werden sollte.

Die Überraschung ergab sich dann an diesem frischen Oktobermorgen sehr schnell, als ich merkte, daß man nicht nach Süden in Richtung Bonifacio sondern nach Norden in Richtung Ajaccio fuhr.

Die Straße war gut, aber sehr kurvenreich, und man kam sich zeitweise vor wie in einem Jahrmarkts-Karussell. Im offenen Wagen war es zwar recht kühl, aber der Blick auf die Berge war dadurch freier und die Luft duftete nach Blüten, nach herben Pinien und Kiefern. Da meine Begleitung sah, daß ich gern einmal halt machte, da die Strecke viele Aussichtspunkte hat, da man außerdem in jedem größeren Ort eine Bar aufsuchte – Olmeto, Casalabriva, Bicchisano (das ich bereits nach meinem Gebirgsmarsch betreten hatte) und andere Ortschaften reihten sich wie die Perlen eines Rosenkranzes – wurde es fast Mittag, bis wir Ajaccio erreichten.

Ich wurde gefragt, ob ich die Gedenkstätten des großen Korsen sehen wolle, aber ich scheue das Maskenhafte solcher Museen, die meist vom Wesen großer Persönlichkeiten nur alltägliche Äußerlichkeiten vermitteln können. Ich hatte den Eindruck, daß mein Desinteresse mit allgemeinem Aufatmen zur Kenntnis genommen wurde. Wir machten stattdessen einen Gang durch das Winkelwerk des Städtchens, das damals wohl manche Kriegsschäden aufwies, aber noch frei war von modernen Bauten und Wolkenkratzern.

Das Mittagessen wurde in einem Lokal an der »Place de Palmiers« eingenommen, einem herrlichen mit gepflegten Palmen bestandenen Platz, an dem auch das Rathaus liegt. Im Gespräch sollte sich dann ergeben, daß die Meinung über Napoleon bei den Korsen geteilt zu sein scheint: während ihn die einen als den größten Sohn ihrer Insel betrachten, bezeichnen ihn die andern als Verräter seiner Heimat und Franzosenknecht.[34]

War es Mittags in Ajaccio ziemlich heiß, wozu die geschützte Lage mit der Abdeckung gegen Norden viel beiträgt, so wurde es rasch kühler, als wir wieder ins Gebirge hinaufkamen, denn meine Freunde meinten, mir unbedingt auch noch Calvi zeigen zu müssen. Bucht folgt auf Bucht, das Meer zeigt sich und verschwindet wieder, doch ist – wie man mir sagte – der Zugang zu manchen Buchten nicht erschlossen oder nur durch Fußpfade erreichbar gewesen. Das wird sich seitdem geändert haben.

Auch Calvi erweckt einen festungsartigen Eindruck, wie denn die meisten korsischen Hafenstädte durch Zitadellen gedeckt waren, deren massives Mauerwerk die Jahrhunderte gut überstanden hat. Unter den von Genuesen gegründeten Städten, wozu auch Ajaccio gehört, versah Calvi lange Zeit die Aufgabe einer Hauptstadt. Ähnlich wie Cagliari trug der Stadtkern damals noch altes Gepräge, während die Unterstadt aus der neueren Zeit stammt und sich immer mehr ausdehnt.

Es war schon später Nachmittag, als wir von Calvi aufbra-

BAR

chen, um – diesmal nur mit zwei kurzen Unterbrechungen – zügig die Insel wieder nach Süden zu queren. Das Verdeck des Wagens wurde hochgezogen, und irgendwann bin ich sanft entschlafen und wurde erst in Bonifacio wieder geweckt.

Ich hatte eigentlich am nächsten Tag nach Bastia fahren wollen, aber da ich dort dann noch einmal hätte übernachten müssen, weil das Schiff der »Tirrenia« nach Livorno nur einmal in der Woche verkehrte, ließ ich mich dazu bestimmen, noch einen Tag und eine Nacht in Bonifacio zuzugeben. Diese Verlängerung des Aufenthalts hat sich auch insofern gelohnt, als durch meine Freunde noch ein Erzähler herbeigeholt werden konnte, der zwar nur als halber Korse galt – sein Vater war aus dem Neapolitanischen zugezogen – jedoch ein originelles Repertoire an Geschichten sehr lebhaft zu erzählen verstand.

Mauro Cutolo war ein Mann hoch in den siebzig, der sich in den verschiedensten Berufen betätigt hatte: als Fischer, Seemann, Zollangestellter, Gärtner und Lagerverwalter. Nach dem Tode seiner Frau war er zu einer seiner verheirateten Töchter gezogen.

Durch ihn sollte ich auch manche sehr erotische Geschichten erfahren, die nach seinen Angaben vor allem in den Kreisen der Fischer im Schwange waren. Er hatte aber keineswegs eine Tendenz zum Zotigen, sondern konnte auch sehr bedächtig und zurückhaltend sein.

Eines von Cutolos Märchen soll hier eingeschoben werden:

Es war einmal ein vornehmer Mann, der ging auf Brautschau, denn er wollte heiraten. Damals nahm man sich seine Frau selten aus der Stadt, in der man geboren war,

sondern man ging in eine andere Stadt, um sich dort die Mädchen anzuschauen.
Wie er in der fremden Stadt ankam, hat ihn auf der Straße ein altes Weiblein angebettelt. Unser Mann war ein freigebiger Herr, und er ließ sich nicht lumpen und schenkte ihr ein Goldstück. Da wurde das Großmütterchen ganz vergnügt und sagte: ›Gesegnet seist du, Herr! Und da du so spledid bist, will ich dir auch einen guten Rat geben, wenn du einen willst.‹ – ›Und ob‹, sagt der Mann, ›einen guten Rat kann man immer brauchen. Es soll mir auch nicht auf ein zweites Geldstück ankommen.‹ – ›Nun, so paß auf!‹ sagt die Alte, ›wenn du in das erste Haus kommst, wo man dich hineinbittet, so wirst du dort ein sehr schönes Mädchen sehen, das eine kleine Schwester hat. Gib der Älteren zwei Äpfel: einen großen und einen kleinen. Gibt sie den großen Apfel ihrer Schwester, so ist das ein gutes Zeichen. Gibt sie ihr den kleinen, so ist es ein schlechtes Zeichen; du verstehst wohl, warum. Dann geh weiter, und versuche dein Glück anderswo!‹ – ›Ausgezeichnet‹, hat der Mann gesagt, ›du weißt, wie man hinter die Häuser schaut! Hier nimm, denn dein Rat ist wirklich seinen Lohn wert!‹ Und damit hat er der Alten noch eine Münze gereicht.
Nun, Ihr werdet fragen, wie das damals gewesen ist, wie man in Häuser mit Mädchen hineingefunden hat, und was man da machen mußte. Das ist ganz einfach: ein heiratslustiger Mann hat sich eine Nelke ins Knopfloch gesteckt, und schon haben die Mütter und die Mädchen gewußt, was so ein Bursche will.
Der Mann geht also an einem Haus vorbei, da winkt ihn die Mutter hinein und sagt: ›Kommt, tretet ein! Ich habe eine schöne und heiratsfähige Tochter im Haus. Tut uns die Freude und seid unser Gast!‹
Der Mann geht also hinein, man bietet ihm Kaffee an, fragt

nach dem Woher. Da kommen auch zwei Mädchen, eine von siebzehn und eine von vierzehn Jahren. Die größere ist hübsch und sticht unserm Mann in die Augen. Er bietet ihr also die beiden Äpfel an, und sie hat gleich den größeren für sich genommen und den kleineren Apfel ihrem Schwesterchen gegeben.

›Aha!‹ denkt sich der Mann, ›sie denkt mehr an sich.‹ Und er plaudert noch etwas, und dann sagt er, er müsse noch Geschäfte in der Stadt erledigen und käme später wieder. Und damit verabschiedete er sich und ging fort.

In der nächsten Straße sah ihn wieder eine Frau vom Fenster aus, hat ihn angerufen und ins Haus eingeladen. Dort waren drei Mädchen, und die Älteste war nicht weniger hübsch als jene im letzten Haus. Man brachte Kaffee, und der Mann zog aus seinem Sack drei Äpfel: einen großen und zwei kleine. Die hat er der Ältesten gegeben. Sie hat sich selber den großen Apfel genommen und hat die zwei kleinen an ihre jüngeren Schwestern weitergegeben. – Aha, denkt sich der Mann, auch hier beliebt man, selbstsüchtig zu sein. Er läßt sich aber nichts anmerken, plaudert noch eine Weile, und ging dann unter dem Vorwand, er wolle noch etwas einkaufen, davon.

In einem kleinen Gäßchen schaute wieder eine Frau zum Fenster heraus und als sie sah, daß er auf Brautschau war, hat sie ihn freundlich eingeladen, doch ins Haus zu kommen. Er ging also hinein. Drinnen gab es vier Mädchen. Die Älteste war noch hübscher als die andern beiden Schönen, deren Bekanntschaft der Mann bisher gemacht hatte.

Aber was soll nun der Bursche machen? Er hat nur noch einen kleinen und einen großen Apfel, und da sind vier Mädchen! Er hat nicht gewußt, was und wie, und dann hat er einfach der Ältesten die beiden Äpfel ausgehändigt.

Diese, sie hieß Maria, nahm die Äpfel, den kleinen Apel gab sie der Jüngsten, den andern zerteilte sie und je einen halben überließ sie ihren beiden andern Schwestern.

Die hat ein gutes Herz! denkt sich der Bursche, bei der bleibe ich! Und er fragt sie, ob er ihr seine Nelke schenken darf, und sie sagt ›ja‹.

Später sprach er dann mit der Mutter, und man beschloß die Heirat. Aber die Frau hatte gesagt, man müsse erst warten, bis der Vater zurück sei. Der war Seemann oder Fischer.

Der Bursche sagte also, er kommt wieder, und so war nach einigen Wochen die Hochzeit.

Ein Jahr drauf wurde Maria schwanger, und nach ihrer Zeit gebar sie ein Zwillingspärchen: einen Sohn mit einem kleinen goldenen Stern und eine Tochter mit einem kleinen silbernen Stern auf der Stirne. Nun, ihr könnt euch denken, wie glücklich die Eltern gewesen sind, und sie haben die Kinder Luis und Luisa getauft.

Mit den Kindern kam viel Glück ins Haus, die Geschäfte des Vaters gingen gut und sie wurden reich. Die Mutter aber achtete stets darauf, daß auch die Armen, die ins Haus kamen, ihren Teil abbekommen haben.

So vergingen die Jahre, die Kinder wurden groß, und alles wäre gut und schön gewesen, hätte nicht der Vater sein Augenlicht verloren. Das war ein großer Kummer für die ganze Familie, und sie wußten nicht, was sie machen sollen.

Maria, die Mutter der Zwillinge, suchte eine weise alte Frau auf, und fragte, ob man denn da gar nichts tun könne. ›Doch‹, sagt die Alte, ›es gibt da ein Mittel: ein Zauberwasser, das alle Krankheiten heilt.‹ – ›Und wo kann man das bekommen?‹ fragt Maria. – ›Ja‹, sagt die Alte, ›ganz genau weiß ich das auch nicht. Drüberhalb des Gebirges soll im

Wald ein Zauberer wohnen, der hat solches Zauberwasser.‹ – ›Und was verlangt er dafür?‹ fragt Maria. – ›Das weiß ich nicht. Ihr müßt es halt versuchen.‹
Maria ging heim und erzählte, was ihr die Alte geraten hatte. Luis – die Zwillinge waren nun etwa siebzehn Jahre alt – sagt: ›Mutter, laß mich gehen! Ich werde versuchen, dem Zauberer etwas von dem Zauberwasser abzukaufen.‹
Maria ließ den Burschen nicht gern gehen, denn sie wußte, daß das gefährlich sein kann. Aber was soll sie machen? Dem blinden Vater zuliebe muß man alles riskieren.
Sie gibt dem Burschen also Geld mit und Essen und Trinken, und Luis macht sich auf den Weg.
Ich könnte Euch nun eine halbe Stunde lang erzählen, wie und wo er über das Gebirge gestiegen und was ihm alles passiert ist, aber ich will es kurz machen: eines Tages kommt er zu dem einsamen Haus des Zauberers im Wald und klopft an. Aber drinnen rührt sich nichts. Der Zauberer war nicht daheim.
Luis setzte sich also auf die Schwelle und wartete. Der Zauberer aber lief gewöhnlich tagsüber in der Gestalt eines Hirsches im Walde herum, um Ausschau zu halten, ob er Beute finden könne. Vor allem auf Mädchen ist er scharf gewesen.
Luis weiß von alldem nichts. Er war müde von der langen Wanderschaft, und so schlief er auf der Schwelle des Hauses ein. Der Zauberer kam in Gestalt eines Hirsches zurück und erblickte den Burschen. Er stieg vorsichtig über ihn hinweg, denn nur im Hause konnte er sich in menschliche Gestalt zurückverwandeln.
Und als er dann wieder ein Mensch war, weckte er Luis und fragte: ›Bursche, was suchst du hier vor meinem Haus? Komm herein und erzähle mir!‹
Luis ging also hinein und sagte: ›Mein Vater ist blind ge-

worden, und eine Alte in unserm Dorf hat gesagt, ihr hättet ein Zauberwasser, das könne ihn wieder sehend machen.‹ – ›Hm‹, sagt der Zauberer, ›ja, so etwas gibt es. Aber, Bursche, erzähle mir doch erst, wer du bist und ob du Geschwister hast! Dann werden wir sehen, ob wir das Zauberwasser finden können.‹ – ›Ich habe noch eine Schwester‹, sagt Luis. – ›Aha, so‹, sagt der Zauberer, ›ist sie schön?‹ – ›Ja‹, sagt der Bursche, ›sie ist sehr hübsch, mit einem silbernen Stern auf der Stirne, so wie ich einen goldenen habe.‹

Nun, sie reden so hin und her, und dann lädt der Zauberer den Burschen zu Nachtmahl ein. Der denkt sich nichts dabei, und er ißt und trinkt, weil er großen Hunger und Durst von dem weiten Weg hat. Aber Essen und Trinken sind verzaubert, und auf einmal kann er sich nicht mehr rühren, es ist, als sei er zu Stein geworden.

Der Zauberer aber nimmt ihn und trägt ihn in den Keller hinunter. Da hat er schon andere Menschen eingesperrt, sogar ein Prinz und eine Prinzessin sind darunter. Dort also setzt der Zauberer den gelähmten Burschen ab und sagt: ›Warten wir also auf das hübsche Mädchen mit dem silbernen Stern auf der Stirne, denn das muß ich haben!‹

Und was macht Luisa indessen? Eines Morgens will sie einen glasierten Tonkrug nehmen, um Milch zu holen, da sieht sie, daß drinnen eine Eidechse gefangen sitzt, die kann an den glatten und gekrümmten Wänden nicht in die Höhe. Eine andere hätte die Eidechse ins offene Feuer geschleudert, aber nicht so Luisa. Sie greift vorsichtig mit der Hand in den Krug hinein, holt die Eidechse heraus und setzt sie vor dem Haus ab. Da setzt sich das Tierlein auf und sagt: ›Luisa, ich danke dir, daß du mich gerettet hast. Und wenn du selber einmal Hilfe brauchst, so rufe nur: Ferrandina. Dann komme ich und stehe dir bei.‹

Und damit ist die Eidechse im Gras verschwunden.
Luisa aber holte Milch und tat, was eben an Arbeiten zu verrichten war.
Als jedoch Woche um Woche vergeht und Luis nicht heimkommt, machen sich die Eltern Sorgen. Und die Mutter sagt: ›Ob nicht doch der Zauberer ein schlechter Mensch ist?‹ – Da meint Luisa: ›Ich werde hingehen, und nach ihm schauen.‹ – ›Nein‹, sagt Maria, ›das ist zu gefährlich; du bist noch ein unerfahrenes Mädchen. Besser ist es, ich gehe selber.‹
Sie haben einige Zeit gestritten, dann hat der Vater entschieden, es solle in Gottes Namen Luisa gehen.
Man packte ihr also das Nötigste in einen Korb, und sie machte sich auf den Weg ins Gebirge. Aber bald hatte sie sich verlaufen und wußte nicht mehr wohin. Da stand auf einmal die Eidechse und sagte: ›Luisa‹, sagt sie, ›du brauchst keine Angst zu haben, sondern nur hinter mir herzugehen! Ich weiß schon, daß du zum Zauberer gehen willst, der das Wunderwasser besitzt und deinen Bruder gefangen hält. Aber ich will dir helfen, und wenn du alles so tust, wie ich es dir rate, wirst du beides bekommen: deinen Bruder und das Wasser.‹
So wanderte Luisa einige Tage hinter der Eidechse her, bis sie in den Wald kamen, wo der Zauberer sein Unwesen trieb. Dort sagt die Eidechse: ›Paß auf! Geh nicht zu nahe an das Haus heran! Der Zauberer wird in Gestalt eines Hirsches kommen und dich dazu verleiten wollen, mit ihm in das Haus hineinzugehen, denn drinnen hat er Gewalt über dich, draußen aber nicht. Er wird dir dann anbieten, dich im Wald spazieren zu tragen; gehe zum Schein darauf ein. Wenn du dann aber merkst, daß er zum Hause zurückwill, dann mach es so: rufe mich. Du mußt aber dreimal rufen!‹

Damit verschwand die Eidechse im Gebüsch. Luisa aber setzte sich ins Gras und wartete. Und am Nachmittag kam wirklich ein großer Hirsch aus dem Wald und sagte: ›Ei, wen sehe ich denn da! Ein hübsches Mädchen! Willst du nicht mit mir ins Haus kommen?‹ – ›Nein‹, sagt Luisa, ›ich finde es hier hübscher. Das Haus ist so düster. Da will ich nicht hinein.‹ – ›Nun‹, sagt der Hirsch, ›auch recht. Bleiben wir im Wald. Aber willst du vielleicht, daß ich dich etwas spazieren trage und zeige, wie schön der Wald ist?‹ – ›Ja‹, sagt Luisa, ›das will ich gern, denn zum Laufen wäre ich schon zu müde.‹ – ›Gut‹, sagt der Zauberer, ›so setze dich nur auf meinen Rücken und halte dich an meinem Geweih fest!‹

Luisa setzte sich also auf den Rücken des Hirsches, und er lief – erst langsam, und dann immer schneller – durch den Wald.

Als aber Luisa merkte, daß er einen großen Bogen machte und zu seinem Haus zurück wollte, rief sie: ›Ferrandina!‹ ›Wen rufst du denn da?‹ fragte der Hirsch. – ›Meinem Hündchen‹, sagte Luisa. – ›Aber du hast doch gar kein Hündchen‹, sagte der Hirsch, ›ich habe keines gesehen.‹ Indessen waren sie dem Haus schon näher gekommen. Da rief Luisa wieder: ›Ferrandina!‹ – ›Aber laß nur!‹ sagte der Hirsch, ›wenn du wirklich ein Hündchen hast, wird es schon nachkommen. Daß ein Hund verlorengeht, hat man noch nie gehört.‹

Nun waren sie schon ganz nahe beim Haus des Zauberers, da rief das Mädchen zum drittenmal: ›Ferrandina!‹

Da stürzt sich aus dem Gebüsch ein großer, großer Bullenbeißer und packt den Hirsch an der Kehle. Der jammert: ›Laß mich los! Laß mich los!‹ – ›Nicht, bevor du meinen Bruder und das Zauberwasser herausgegeben hast!‹ sagte Luisa.

Was will der Zauberer machen? Er merkt genau: da ist noch eine größere Zaubermacht, und er muß froh sein, wenn er mit dem Leben davonkommt.
Er machte also den Luis wieder lebendig und die anderen Gefangenen auch. Er mußte das Zauberwasser herausrükken und erst, nachdem er auch noch geschworen hatte, daß er nie mehr einem Menschen etwas zuleide täte, ließ ihn der riesige Hund los.
Nun: das war eine große Freude, als alle Gefangenen wieder frei und lebendig waren! Sie wollten sich sehr bei Luisa bedanken, aber die sagte: ›Ich kann gar nichts dafür. Das alles hat eine kleine Eidechse getan, die ich einmal aus einem glasierten Tonkrug befreit habe. Bei der sollten wir uns alle bedanken.‹
Aber die Eidechse war verschwunden und blieb es.
Luis und Luisa aber kehrten mit allen Befreiten in ihre Heimat zurück. Und dort heiratete der Prinz die Luisa, nachdem er zu seinem Vater gesagt hatte: ›Wo fände ich schon ein Mädchen mit einem silbernen Stern auf der Stirne! Und hätte nicht sie mich gerettet, wäre ich niemals zurückgekommen.‹
Und die Prinzessin verliebte sich in den Luis und heiratete ebenfalls.
Der Vater des Zwillingspaares aber gewann durch das Zauberwasser sein Augenlicht zurück.
Ja, so ist das, meine Herrschaften, und darauf wollen wir jetzt trinken!«

*

Auf den ersten Blick scheint das Märchen nur das Allübliche zu bieten, und doch trägt es einige eigenwillige Züge. Die Apfelprobe dient sonst – wie in einem sizilianischen Märchen – dazu, Reisegenossen zu erproben oder auszuwählen. Einer teuflischen Hindin begegnen wir bei Basile,[35], der sie in der 9. Geschichte des ersten Tages auftreten läßt.[36] Ähnlich wie beim Einhorn kann der Hirsch im Mittelalter sowohl als himmlisches Motiv gelten (und sogar zu einem eucharistischen Symbol aufsteigen, wozu wohl die Psalmenworte »Wie ein Hirsch verlangt nach den Wasserbächen, so dürstet meine Seele nach dir, o Gott« beigetragen haben), wie er dämonisiert auftreten kann. Und zwischen diesen beiden Polen steht wohl das Eustachius-Motiv mit der Erscheinung eines Hirsches, der ein Kreuz zwischen dem Geweih trägt.

Und wie uns der Zauberer unter der Gestalt eines Hirsches an Basile erinnert, so verbindet die Eidechse als dankbares Tier den Text mit dem Märchen eines andern Neapolitaners: mit Pompeo Sarnelli.[37] Dort erfahren wir im 4. Märchen von einer Eidechse als Helferin der Heldin. Es wird uns auch deutlich, daß sich unter der Gestalt der Eidechse eine Fee verbirgt, was im korsischen Märchen nicht ausgedrückt wird. Es muß erstaunen, daß gerade die im Süden so häufigen Eidechsen relativ selten in Märchen eine Rolle spielen. Daß sich das Tier nicht nur ratend betätigt sondern überdies in einen riesigen Hund verwandelt, um die Heldin zu retten, erweist es als jenseitiges Wesen. »Korsische Bullenbeißer« nannte man eine im 16. und 17. Jahrhundert berühmte und gefürchtete Hunderasse, die heute auf der Insel selten geworden ist.

Luis und Luisa (aus Aloys und Aloysia): Zwillingen mit gleichem Namen begegnet man in Süditalien öfters, weil früher das Patrozinium des Geburts- oder Tauftages oder der Taufkirche einen großen Einfluß auf die Namensgebung ausgeübt hat.

So zeigt das Märchen von Cutolo neapolitanische und korsische Eigenheiten, und obwohl die Bausteine, aus denen

es zusammengesetzt ist, kaum etwas Neues bieten, weist es doch ein eigenes Gesicht auf. Ähnlich zeigten auch andere Erzählungen Cutolos, daß er nicht nur viele Stoffe kannte, sondern daß er auch den Sinnzusammenhang phantasievoll und selbständig zu formulieren wußte. Gerade aber dieses Talent ist mit den Jahrzehnten seltener geworden. Insbesondere geht die Stereotypisierung des Wortschatzes weiter, und das Prägen eigener Neologismen im eigenwilligen Erzählstil einzelner mediterraner Erzähler ist nahezu völlig verschwunden.
Auch dieser letzte Abend in Bonifacio endete wieder bei Sagen, Geister- und Spukgeschichten. Interessant war vor allem, daß ganz bestimmte Motive auch in Korsika lokalisiert wurden, die ich aus anderen Landschaften des Mittelmeers kannte, wobei ich nicht an altes und gemeineuropäisches Vorstellungsgut denke, sondern an Ereignisse aus der damals noch unmittelbar nahen Vergangenheit, das heißt dem zweiten Weltkrieg. Zwei kleine Beispiele möchte ich dazu nennen: das erste beschäftigt sich mit einer spiritistischen Sitzung zur Beschwörung eines gefallenen Fliegeroffiziers, das zweite mit einem Gespenst auf einem Flugplatz:

Das ist vor einigen Jahren in Ajaccio passiert, und es hat auch in der Zeitung gestanden. Ihr könnt mir also glauben, daß hier nichts erfunden ist.
Es hat dort ein Mädchen, was sag ich: eine junge Frau gelebt. Sie war mit einem jungen Fliegeroffizier verlobt, und die beiden waren ganz vernarrt ineinander. Gleich nach dem Kriege haben sie heiraten wollen, denn der Fliegerleutnant war aus Burgund, und er wollte mit der Hochzeit warten, bis seine Heimat befreit war. Aber an einem Augusttag des Jahres 1944 ist er von Korsika aus zu einem

Aufklärungsflug zum Kontinent, nach Italien, gestartet, und von diesem Flug ist er nicht zurückgekehrt. Man weiß bis heute nicht, ob er überm Festland abgeschossen wurde oder überm Meer abgestürzt ist.
Seine Braut war untröstlich. Sie hat nicht recht glauben wollen, daß er tot sei, und sie hat lange Zeit gehofft, daß er doch noch zurückkehre.
Nun haben ihr einmal einige Freundinnen vorgeschlagen, sie sollten doch eine spiritistische Sitzung halten, und sie kennten eine Frau, die ein Medium sei. Man hat also jene Frau von auswärts kommen lassen, und hat eine Seance gehalten. Und es hat sich auch die Stimme des Bräutigams von jener jungen Dame gemeldet und hat gesagt: ›Ja, ich bin hier.‹ Und da hat die Dame gesagt: ›Kannst du nicht zurückkommen oder mich zu dir holen?‹ – Und da hat es einen gewaltigen Donnerschlag gegeben und der Plafond von dem Raum, in welchem alle gesessen sind, ist heruntergestürzt.
In der Zeitung stand, es seien einige Personen dabei verletzt worden, darunter auch die Flieger-Braut. Dann hat man nicht mehr von dem Fall gesprochen. Später hieß es, die Flieger-Braut sei ihren Verletzungen erlegen. Aber ob das stimmt, dafür kann ich nicht garantieren.«

*

Ein ähnliches Ereignis hat 1952 ein sizilianischer Matrose besungen, nur ist der Held der Geschichte bei ihm ein Marineoffizier und seine Braut[38], und endlich ist von einem ähnlichen Fall in Ancona 1951 in Zeitungen die Rede gewesen, ohne daß dabei vom Beruf des verstorbenen Bräutigams berichtet worden wäre. Entfernte Anklänge an das »Lenoren-Motiv«, das wir vor allem seit Bürgers Ballade kennen, sind auffallend. Freilich ist dieses Motiv auf dem Balkan wie auch in Italien in der Welt der Volkserzählung bis auf den heutigen Tag beliebt geblieben. Daß der zweite Weltkrieg das Thema aktualisiert hat, ist einleuchtend. Und nun der zweite Text:

In den ersten Jahren nach dem letzten Krieg hat man öfters am Flugplatz von Ajaccio in der Nacht ein Gespenst gesehen. Das Gespenst hat wie eine leuchtende Kugel ausgeschaut und ist über den Platz gerollt. Man hat gemeint, daß es einen Unfall ankündige.
Man hat zunächst behauptet, daß es sich um einen Ulk von einigen Leuten vom Flugpersonal oder auch vom Bodenpersonal drehe, und hat deshalb auch die Polizei verständigt. Aber auch die Polizei hat nichts herausgebracht und die Erscheinung zwar beobachtet, aber nicht erklären können.
Manche meinen freilich, es sei so eine Art Naturphänomen, so etwas wie ein Kugelblitz gewesen. Aber warum sollte der sich immer vor einem Unfall zeigen? Nach einigen Jahren ist das Gespenst verschwunden, man hat es nicht mehr gesehen. Heute haben die Leute es vergessen.«

*

Auch zu dieser Gespenstersage gibt es eine Parallele, die in Lunel bei Montpellier lokalisiert wird, und die sich ebenfalls auf einem Flugplatz abgespielt haben soll.[39] Wie mir ein französischer Freund erzählt hat, sei überhaupt eine längere Zeit hindurch der Glaube an Gespenster gerade beim Flughafenpersonal in Schwange gewesen. Er führte das vor allem auf überreizte Nerven zurück, hielt aber auch Naturerscheinungen – wie das Elms-Feuer – als mögliche Auslöser für solche Vorstellungen.
Über dem Erzählen wurde es spät, und die Nachtruhe mußte etwas kurz ausfallen, da man mich nicht mit irgend einem Liniendampfer nach Bastia verfrachten, sondern ei-

nem Zollkreuzer anvertrauen wollte. Ich weiß nicht mehr, welchen Bären man dem Zollkommandanten und dem Kapitän aufgebunden hat, doch wurde aus meiner völligen privaten Forschungs-Exkursion eine offiziöse Forschungsreise eines Universitätsrepräsentanten. Meine Freunde Lügen zu strafen, habe ich den Mut nicht aufgebracht, und so konnte ich also mit dem Zollboot fahren. Der Abschied war kurz und herzlich, denn kaum war ich an Deck und das Magnetophongerät gut verstaut, ging's los. Zunächst war man mir gegenüber etwas reserviert, doch tauten die Zollbeamten allmählich auf, und es setzte das übliche Frage- und Antwortspiel nach dem Woher und dem Wozu ein. Da mein Gerät in Sicherheit gebracht war, wozu bei dem etwas schlingernden Schiff auch alle Veranlassung bestand, konnte ich nur erzählen, was ich alles aufgenommen hatte. Dabei stießen vor allem die Sagen auf Interesse und wurden teils belächelt, teils mit Erstaunen aufgenommen. Und das Gespräch über sagenhafte Ereignisse war auch der Grund, daß man einen Matrosen holte, um ihn »seine« Geschichte berichten zu lassen. Da ich als Landratte beide Hände brauchte, um mich festzuhalten, fand sich ein freundlicher junger Zollanwärter, der sie mir mitstenographierte.

Ich stamme aus einer alten Fischerfamilie aus Bastia. Bei uns haben viele schon etwas erlebt, was nicht mit rechten Dingen zugegangen ist. Ich will nur eine Geschichte erzählen, die einem Onkel, einem Bruder meiner Mutter passiert ist. Er hatte einen Freund, der einmal beim Fischen ins Meer gestürzt und ertrunken ist. Man hat, wie er hineinfiel, versucht, ihn herauszuziehen, aber er hatte sich den Kopf angeschlagen und muß gleich bewußtlos gewesen sein. So ist er wie ein Anker in die Tiefe gestürzt. Man

fand keine Leiche, angeschwemmt wurde sie auch nicht. Einmal, mein Onkel war an einem düsteren Tag beim Fischen, kam Nebel auf, und mein Onkel wollte gerade seine Arbeit abbrechen, da wurde er aus dem Nebel heraus angerufen: ›Pietro, Pietro!‹ Er konnte jedoch nichts sehen, hat aber gedacht: ›Es muß wohl noch ein Boot in die Nähe gekommen sein.‹ Er ist in Richtung des Rufes gefahren, in den Nebel hinein, und da hat es noch einmal gerufen: ›Pietro, Pietro!‹ Er sah aber nichts, und da wollte er sein Schiff wieder drehen, um aus der Nebelbank herauszukommen, und da rief es wieder: ›Pietro, Pietro!‹ Da ist mein Onkel doch weitergefahren, obwohl der Nebel nun dichter war – auch ganz finster – und da war ihm, als sehe er eine Gestalt übers Wasser dahergehen. Genau hat er die Gestalt nicht erkennen können, aber er hat vermutet, daß es sein ertrunkener Freund sei. Und er hat gerufen, was er wolle. Der andere hat auch geantwortet, aber er hat die Antwort nicht verstehen können. Da wollte er noch näher hinfahren, aber auf einmal war die Gestalt verschwunden.
Nun, wie er heimgekommen war, hat er das seiner Frau erzählt, und die hat gemeint, vielleicht hätte der Tote sagen wollen, man solle drei Messen für ihn lesen lassen. »Das könnte sein«, hat mein Onkel gesagt. Und sie sind zum Pfarrer gegangen und haben das geregelt, und die drei Messen hat man gelesen.
Einige Zeit später hat mein Onkel in der gleichen Gegend gefischt. Und wieder ist Nebel aufgekommen. Und wieder hat er eine Stimme ›Pietro‹ rufen hören.
Also er fährt dann dort näher hin, und er kann zwar nichts sehen, aber er hört die Stimme von seinem Freund. Der hat sich bedankt wegen der Messen. Und dann hat er von ihm nichts mehr gesehen und nichts mehr gehört.«
Auch diese Geschichte erinnert uns an zahlreiche ähnliche

Sagen, die nicht nur mit dem Bereich des Meeres verbunden sind, sondern auch auf dem Festland lokalisiert werden. Meist aber erweist sich der Tote später dankbar, indem er seinem wohltätigen oder frommen Freunde das Leben rettet oder Geld zukommen läßt, wie es in einer portugiesischen Sage[40] geschieht.
Die Erzählung des Matrosen rieselte halb an mir vorbei, und ich war sehr dankbar für das Stenogramm, war doch meine Hauptaufmerksamkeit auf die Küste gelenkt, die wir entlang fuhren. Zwar ist die Ostküste Korsikas nicht so gegliedert und buchtenreich wie die Westküste, aber beim klaren Herbstwetter zeigte sich das Gebirge des Hinterlandes in den schönsten Farbtönen, wie eben nur die Natur zu malen vermag, während jede Farbphotographie zu einer Kitschpostkarte zu werden droht. Das Meer war ruhig und friedlich – ich gestehe, daß ich etwas Angst vor einem »mer mauvaise« oder »mare mosso« gehabt habe, weil die kleinen schnittigen Schnellboote dann ziemlich ins Tanzen kommen können – und so gab es eine angenehme Fahrt zum Abschied.
Eine Überraschung blieb allerdings noch aufgespart: als wir in Bastia am Kai anlegten, standen dort wie Holzfüchse grinsend meine drei Freunde, von denen ich mich so rührend in Bonifacio verabschiedet hatte! Sie genossen die Überraschung weidlich. Sie waren mit dem Auto die Strecke heraufgefahren, um mit mir noch zu Mittag speisen zu können und mich dann endgültig auf den Dampfer der »Tirrenia« zu bringen, mit dem ich nach Livorno fahren wollte. Dieser Einfall, garniert mit witzigen Worten über den sprachlosen »professore« und zu einer Groteske inszeniert, war nochmals typisch korsisch. Und ich kann nur wieder Ortoli zitieren: »Wenn es ein Volk gibt, das zu lachen liebt, so ist es das korsische.«

Nachwort

»Der Märchenheld in wesenhaft ein Wandernder«, so meint Max Lüthi[41] und auch: »Der Märchenheld muß wandern, um mit dem Wesentlichen zusammenzutreffen.« Der Schreiber dieser Zeilen versteht sich sicherlich nicht als Helden, doch hat er erfahren, daß man fast nur wandernd dem Märchen begegnen kann.
Die hier vorliegenden Seiten mögen den falschen Eindruck erwecken, als stolpere man geradezu über Erzähler; in Wirklichkeit waren jedoch die korsischen Wandertage nur in besonderem Maße vom Glück begünstigt.
Wie die Jahre in der Ernte wechseln, so lag auch der Erfolg bei den Ausfahrten nach Volkserzählungen und Volksliedern weit auseinander, und wenn man auch gemäß den Erfahrungen und geleitet vom Rat und von Hinweisen landeskundiger Freunde gezielt Ortschaften und Landstriche aufgesucht hat, so sollte doch einer der entscheidenden Faktoren der Zufall bleiben.
Was aus diesem Büchlein ebenfalls nicht hervorgeht: ein erheblicher Teil der Geschichten, die man zu hören bekommt, bleibt Fragment. Das gilt etwa für ein Drittel meiner Aufnahmen. Zahlreiche Begegnungen unterwegs führen zu einem Erzählenden, der seine Geschichte bereits begonnen hat, und andere ergeben zwangsweise eine Trennung, weil der Weg scheidet. Einiges davon ist andeutungsweise in diesen Text eingeflossen.
Wir haben später manche Exkursion von der Universität aus in kleinen Gruppen per Auto unternommen. Das bringt den Vorteil der größeren Beweglichkeit und die Möglichkeit, weitere Geräte mitzunehmen. Aber es schränkt die zufällige Begegnung ein und es erschwert oft

die Kontakte mit dem Menschen in seiner Landschaft.
Es sei hier nicht verschwiegen: die ideale Arbeitsgruppe dürfte aus drei Leuten bestehen; einer hat das Gespräch mit dem Erzähler zu führen und ihm als eigentlicher Zuhörer gegenüber zu sitzen, ein zweiter muß das Tonbandgerät bedienen, ein dritter den Erzähler und das Publikum beobachten, Gesten und Reaktionen notieren und einspringen, falls man das Band wechseln muß.
Wichtig ist ein gemischtes »team«, weil in vielen Landschaften ein Mann mit Erzählern und eine Frau mit Erzählerinnen leichter ins Gespräch kommt. (Ausnahmen bestätigen die Regel.) Und ideal ist es, wenn ein Einheimischer die Rolle 1 übernimmt, das heißt, das Gespräch mit dem Erzähler führen kann. So lockern sich am leichtesten Hemmungen, die sonst oft gegenüber Fremden bestehen. So haben wir dann in späteren Jahren unsere Exkursionen meist in Dreier- und Vierer-Gruppen durchgeführt, besonders auf dem Balkan.
Am Anfang unserer Sammeltätigkeit aber stand der »single«, und einer Einzelgängerin auf Märchenfahrten möchte ich dieses Büchlein widmen: der verstorbenen Thordis von Seuss.

F.K.

Anmerkungen

1 Die Insel Tavolara liegt im Norden der sardischen Ostküste vor dem Golf von Olbia. Sie springt steil aus dem Meer auf bis zu einer Höhe von 564 m, ist schmal und langgestreckt und von wenigen Hirten abgesehen unbewohnt.
2 Der letzte derartige Einfall, bei dem ein ganzes Dorf getötet bzw. in maurische Sklaverei verschleppt worden ist, ereignete sich 1821.

3 In der Romania ist die Sonne männlich und der Mond weiblich.

4 Einige sind wiedergegeben in meiner »Einführung in die romanische Volksliteratur«, Bd. I, München 1969, S. 252 ff.

5 Das Korsische ist ein italienischer Dialekt, der dem toskanischen Idiom teilweise nahesteht. Die offizielle Sprache ist Französisch.

6 Der Text lautet in der katalanischen Fassung: »Muntanyes de Montserrat / totes són de gran valor, / totes són de gran valor / puix la Mare del Criador, / Criador celestial - Tralala ...« – Siehe F. Karlinger, Beiträge zu einer Volkskunde der Pyrenäen und ihrer Umwelt im Spiegel des Volkslieds. München 1948. S. 184, Melodie im Anhang.

7 Im Sardischen heißt die Höhle »Du gehst und kehrst nicht wieder«; siehe F. Karlinger, Das Feigenkörbchen. Kassel 1973, S. 161. Daneben kommt auch – wie in katalanischen Sagenmärchen – die Bezeichnung »hinein und nicht heraus« vor.

8 Launeddas heißt das typische sardische Hirteninstrument, eine dreipfeifige Schalmei (mit einfacher Zunge), wobei eine Pfeife einen dem Dudelsack ähnlichen Bordun (Grundton) ertönen läßt.

9 Eine sardische Variante in F. Karlinger, »Das Mädchen im Apfel – Italienische Volksmärchen«, München 1964, S. 186. – Die Sage geistert durch halb Europa, doch gibt es verschiedene Deutungen, um dem Bannkreis der Toten zu entrinnen.

10 J. B. F. Ortoli, Les contes populaires de l'île de Corse. Paris 1883.

11 Antonio Cano, »Sa vitta et sa morte e passione de Santu Gavinu . . .«, geschrieben in der 2. Hälfte des 15. Jahrhunderts, gedruckt erst 1557 in Sassari. Siehe auch: F. Karlinger, Das sardische geistliche Spiel, in »Literaturwissenschaftliches Jahrbuch«, NF 5. Band 1964, S. 61 ff.!

12 Stanislao Prato in »Romania«, 13. Bd., 1884, S. 169.

13 Z. B. Domenico Carlotti, Racconti e leggende di Cirnu bella; Livorno 1930. – Ch. Quinel et A. de Montgon, Contes et légendes de Corse; Paris 1953.

14 Siehe F. Karlinger, Inselmärchen des Mittelmeeres, Köln 1960, S. 212, ebenso die Anmerkungen dazu S. 316 und S. 327.

15 Siehe Ortoli, Anmerkung Nr. 10, Nr. 17.

16 Laura Gonzenbach, Sicilianische Märchen. 2 Bde. Leipzig 1870, Bd. II, S. 252.

17 Ernst Jünger, Sämtliche Werke, Band IV. Stuttgart, 1982, S. 247.

18 siehe 17, S. 249.

19 F. Karlinger, Inselmärchen des Mittelmeeres, Köln 1960, S. 245.

20 vgl. das Vorwort zu: J. B. F. Ortoli, Die Steinsuppe. Volksmärchen und Erzählungen aus Korsika. Ausgewählt und übersetzt von Erika Wesemann. Kassel 1979, S. 8.

21 Giorgios Anastasiu Megas, Das Märchen von Amor und Psyche in der griechischen Volksüberlieferung. Athen 1971.

22 Siehe die Abbildungen in N. Cartojan, Cărţile populare în Literatura românească, Bucureşti [2] 1974. B I, S. 274, Abb. 10.
23 Claude Lecouteux, Les monstres dans la litterature allemande du moyen age. 3 Bde., Göppingen 1982.
24 vgl. Richard Beitl, Wörterbuch der deutschen Volkskunde. 2. Auflage Stuttgart 1955, S. 67.
25 F. Karlinger/H. Pögl, Märchen aus der Karibik. Köln 1983, S. 18. – Siehe dazu auch Anmerkung S. 247!
26 F. Karlinger, Povestea Maicii Domnului. Salzburg 1978, S. 9.
27 F. Karlinger, Rumänische Märchen außerhalb Rumäniens. Kassel 1982, S. 56.
28 F. Karlinger/I. Übleis, Südfranzösische Sagen. Berlin 1974, S. 105.
29 Liese Deharme, Von Gänseleber und Gänsehaut, in *Merian*, Heft 9/XVIII: Die Gascogne und das Baskenland.
30 Vgl. auch Julio Caro Baroja, Die Hexen und ihre Welt. Stuttgart 1967, S. 254.
31 Siehe 28, S. 94.
32 K. Schulte Kemminghaus/G. Hüllen, Märchen der europäischen Völker Bd. II, Münster 1961, S. 75.
33 Das Märchen Donna Marias zeigt gewisse Parallelen zu einem Märchen von Nuti, und selbst der Name »Dusolina« erinnert etwas an Nutis »Isolina«. Aber in unserem Text fehlen die dankbaren Tiere (wenn man von den Finken absieht, die man unter dieses Motiv einreihen könnte), die Zauberstute und das seltsame Zopfrequisit; dafür ist der Schluß unserer korsischen Fassung märchenhafter als der novellistische Ausklang des pisanischen Textes. vgl. Orestano Nuti, Fioravante e la bella Isolina, fola in vernacolo pisano, raccolta e annotata a svago de ›bimbi‹. Milano 1878.
34 Das gilt nicht nur bei Anhängern einer korsischen Autonomie, und das Stichwort »Napoleon« bleibt in manchen korsischen Kreisen ein heikles Thema.
35 Giambattista Basile, Lo cunto de li cunti. Napoli 1634–37. Erste deutsche Übersetzung: Felix Liebrecht, Das Pentameron – Die Geschichte aller Geschichten, Breslau 1846.
36 Das Märchen »Die teuflische Hindin« auch in F. Karlinger, Der abenteuerliche Glückstopf – Märchen des Barock, München 1965, S. 32 sowie Nachwort S. 177.
37 Pompeo Sarnelli, La Posilecheata, Napoli 1684. – Letzte Ausgabe: Firenze 1962. – Deutsche Übersetzung: Johann Pögl, Salzburg 1982.
38 F. Karlinger, Heimkehrerprobleme im Volkslied Mittel- und Westeuropas. München 1957, S. 113.
39 siehe Anm. 28, S. 53!
40 siehe Anm. 4, S. 298!
41 Lüthi, Das europäische Volksmärchen. München [7]1981, S.18, 29